岩波講座　コミュニケーションの認知科学　2

編集委員

安西祐一郎(代表)
今井むつみ
入來篤史
梅田 聡
片山容一
亀田達也
開 一夫
山岸俊男

岩波講座 ◆ コミュニケーションの認知科学 2

The Cognitive Science of Human Communication

共　感

梅　田　　　聡
板　倉　昭　二
平　田　　　聡
遠　藤　由　美
千　住　　　淳
加　藤　元一郎
中　村　　　真

岩波書店

編集＝梅田　聡

1章　梅田　聡

2章　板倉昭二

3章　平田　聡

4章　遠藤由美

5章　千住　淳

6章　加藤元一郎

7章　中村　真

編集にあたって

背景と目的

　「コミュニケーション」ということばが，時代潮流の大きな変化とともに，以前に増してよく使われるようになりました．

　その背景は多岐にわたっています．世界の多極化・グローバル化に伴い，異なる文化圏に暮らす人々の間の的確な相互理解が重要になったこと，デジタル技術の急速な発展とともに，個人・チーム・組織などの間で情報の迅速な共有が求められるようになったこと，地域コミュニティ活動やボランティア活動が活発化し，とくに医療，教育，防災などにかかわる支援活動が国の内外に広がったこと，国内の急速な少子高齢化とともに，世代間のギャップがクローズアップされてきたこと，などなど．

　こうした背景のもとで，コミュニケーションということばが，「送り手と受け手の間の情報伝達と相互理解」といった昔ながらの意味合いを超え，「人々が情報を共有し，生きる場をともにして共存していくための，人間や社会の根本的な機能」という意味をもって，あらためて浮上してきたのです．

　コミュニケーションを「人々の共存と情報の共有のための根本的なはたらき」とみなす新しい捉え方は，人間と社会に関する興味深い問いを誘発させるとともに，共存と共有のための実践へと私たちを誘ってくれます．

　たとえば，人間同士が感情，意図，身体の動き，言語，安心や信頼，社会規範や制度などのさまざまな情報を共有し，共に暮らし，共に活動していくことができるのは，どのような心の仕組みや社会の仕組みによるのでしょうか．コミュニケーションのはたらきはどのような発達の過程を通して形成されるのでしょうか．そうした仕組みやはたらきは，進化の過程でなぜ，どのようにして生み出されてきたのでしょうか．私たちの前には，こうした問いや実践を通して，これからの時代のコミュニケーションのありかたを理解していく，探究の道が拓かれていきます．

他方で，こうした探究の道に分け入るには，そのための方法論が必要です．幸いなことに，コミュニケーションの意味が大きく変化したのと時を同じくして，学問の世界においても大きな潮流の変化が起こりました．つまり，認知科学，発達科学，社会科学，進化の科学といった，人間と社会の基本的な問題を直接扱う科学の営為が互いに影響しあって，「人々の共存と情報の共有のための，人間と社会の根本的はたらき」としてのコミュニケーションの概念を理解し，実践していくための方法論を提供してくれたのです．

この講座は，上に挙げたような時代潮流の大きな変化，コミュニケーションの意味の変遷，認知・発達・社会・進化などの観点に立った科学の営為と実践活動の発展を踏まえて，これからの時代にあるべきコミュニケーションの科学の姿を初学者にわかりやすい形で示し，読者を新しい時代におけるコミュニケーションの理解や実践に誘うことを目的としています．

全巻の構成

講座は全5巻からなり，第1巻から第5巻まで，おおよそ個人から社会へ，基礎から実践へ，という順序で構成されています．

第1巻「言語と身体性」では，「人間とは何か」という究極の問いへの一里塚として，コミュニケーションにおいて基幹的な役割を果たす「言語」と「身体性」，およびそれらの間の関係を問題にします．とくに，認知科学における未解決の問題として知られる「記号接地問題」(symbol grounding problem；人間の言語に用いられる記号は身体を経て得られる情報に由来した意味を持っており，しかも，それにもかかわらず身体性から離れた抽象的な記号として独自の意味をも持ち得るのはなぜか)の探究を通して，認知心理学や神経心理学を中心とした方法論によるさまざまな研究成果とこれからの方向性を概観します．

第2巻は，「共感」と題し，共存と共有のための基本的な心のはたらきである「共感」について，とくに共感の進化と発達，障害や疾患との関係，意識上と意識下の共感，内受容感覚，自己と他者の関係などの問題を，認知神経科学や神経心理学，精神医学などの分野で近年開発されてきた方法による研究成果に基づいて概観し，これからの方向を探ります．これらの諸問題は，

道徳や倫理，理解と誤解，いじめや犯罪，利己的な行動と利他行動，反社会的な行動と向社会的な行動，また障害との共存や障害の疎外など，コミュニケーションの奥に潜む多くの問題に関係しています．

第3巻「母性と社会性の起源」では，人間の共存や情報の共有の基盤にある自己と他者の動的な相互作用，とくに母性と社会性の問題に焦点をあてます．とりわけ，自己と他者の関係の原点ともいえる母子関係から出発し，複数の人間のあいだの相互作用がどのような進化の過程をたどって現在の姿を現すようになったのか，動的な相互作用がどのような発達の過程を通して生成されるのか，育てる・真似る・教える・騙す・伝えるなどの行動における相互作用に光をあてながら，発達科学や進化心理学などの方法に基づく最近の研究成果を概観し，これからの方向性をまとめます．

第4巻は，「社会のなかの共存」と題して，とりわけ「コーディネーション問題」（なぜ，どのようにして人間の行動や心のもちようの調整が図られ，社会関係が維持されるのか）および「秩序問題」（なぜ，どのようにして社会規範や活動のしくみが実現され，安定的に維持されるのか）の探究を中心に，人々の共存と社会規範のありかたの関係などを解き明かします．とくに社会心理学や進化心理学などの方法論をもとに，社会制度，利他・互恵行動，正義，制裁，協力，安心と信頼，文化など，人々の共存に関わる基本的な概念とその生物学的・行動的基盤を概説し，これからの方向性を探ります．

第1巻から第4巻では，実証的な方法による基礎研究の成果を中心とした最近の動向を概観しているのに対して，第5巻は「自立と支援」と題し，実践の場に直接根ざした問題に光をあてます．コミュニケーションの実践の場は，家庭や仕事のような日常の生活から，政治，外交，経済，企業，行政，国際関係，報道，ネット上の情報共有，また医療，看護，介護，教育，研究開発，その他，人間活動のあらゆる場面にわたっています．本講座の射程も基本的にはあらゆる人間活動を含んでいますが，第5巻では，医療その他の臨床実践を対象に，人間の共存や情報の共有からの疎外や逸脱が切迫した課題となっている自立と支援の現場に密着した，実証的方法による研究や実践活動を概観し，将来の方向性を探ります．

なお，本講座の構成は，共存と共有の根本的機能としてのコミュニケーシ

ョンの諸問題を認知・発達・社会・進化などに関わる基本的な問題群として位置づけ，多角的な方法論の枠組みを示唆するものともなっています．

読者へのメッセージ

　新しい意味でのコミュニケーションの概念について，全体像を理解し，実践の一端を知るためには，全5巻を通読することをお勧めしますが，まず最も関心のある巻を選んで読み，そこから他の巻に進むこともできます．各巻はそれぞれ一定の順序に従った章構成になっており，各巻の編者による内容の紹介がそれぞれの巻の最初の章に書かれています．

　全5巻とも，各章は学問と実践の先端で活躍している研究者や実践家が執筆したものであり，基礎的な知識，最近の研究や実践の成果，将来の展望などが含まれています．各巻とも，自学自習はもちろん，大学学部レベルあるいは大学院レベルの授業，active learning や problem-based learning，その他いろいろな学びの場で，教科書や参考書として使うことができます．

　人々の共存や情報の共有はいかにあるべきか，また共存と共有をいかに実現すべきかという問題は，現在の日本と世界が抱えている最も重要な課題の一つです．したがって，共存と共有を根本から支える新しい意味でのコミュニケーションの理解と実践は，科学的探究の課題であると同時に社会からの強い要請でもあるのです．

　読者には，この講座に親しんでいただくことを通して，現代的意義に満ちた「コミュニケーションの科学」への関心を「共有」し，関心を共にする仲間として「共存」していただくことを願っています．また同時に，この講座が，「コミュニケーションとは何か」，「良いコミュニケーションを取るにはどうすればよいか」，「コミュニケーションからの疎外や逸脱に対する自立や支援をどう実践すればよいか」，さらには「人間とは何か」といった基本的な問いを問い続けている多くの方々にとって，常に立ち返り，また歩み出すことのできる拠りどころとなることを願っております．

　　2014年4月

　　　　　　　　　　　　　　　　　編集委員を代表して　安西祐一郎

目　次

編集にあたって

第1章　共感の科学 ―――――――――――――― 1
認知神経科学からのアプローチ
1　はじめに　2
2　共感とは何か　4
3　共感と「心の理論」　9
4　身体反応から見た共感　19
5　本巻の構成　28

第2章　共感の発達 ―――――――――――――― 31
いかにして育まれるか
1　共感とは何か　31
2　子どもの共感の発達経路　35
3　向社会的行動の萌芽　40
4　同情的・共感的行動の萌芽　41
5　共感の発生が関係するもの　44
6　遺伝と環境が共感に及ぼす影響　48
7　おわりに　51

第3章　共感の進化 ―――――――――――――― 53
1　初期人類の思いやり　53

2　ヒト以外の動物の比較研究　55
　　3　共感の萌芽的諸相　59
　　4　ヒト以外の動物の向社会的行動　64
　　5　他個体の感情の知覚とメカニズム　70
　　6　共感の段階的進化　75

第4章　社会的文脈から共感を考える ─── 79
　　1　共感と愛他性　79
　　2　他者とは誰か　84
　　3　状況要因──共感ギャップ　89
　　4　共感の被操作脆弱性　91
　　5　共感と現代の共生社会　96
　　6　まとめ　99

第5章　共感と自閉スペクトラム症 ─── 101
　　1　自閉症の臨床像と共感　101
　　2　認知的共感──他者の心的状態の検出　103
　　3　情動的共感──他者への"適切"な反応　112
　　4　共感の自発性とその障害　118

第6章　共感の病理 ─── 123
　　1　はじめに　124
　　2　共感の減弱　126
　　3　共感のダークサイド　129
　　4　共感の変容──ミラーニューロンシステムとの関連で　131
　　5　共感の過剰　136
　　6　おわりに　137

第7章　共感と向社会的行動 ―――――――――― 139
集団間紛争の問題を通して考える

1　共感のしくみと向社会的行動　139
2　集団間関係と共感――共感が仲間を規定する　147
3　集団間紛争について考える――共感の役割とその限界　153
4　「共存，共有」のためにできること――共感をどう生かすか　159

参考文献　167
索　　引　187

凡　例

- 参考文献は，巻末に章ごとにまとめて掲載した．
- 本文で文献を参照する場合は，該当箇所に，その文献番号を [　] で表示した．
- 文献の配列その他は，章ごとに統一した．

第1章

共感の科学
認知神経科学からのアプローチ

　現代の人間同士のコミュニケーションには，さまざまな形態がある．実際に顔を突き合わせる形態だけでなく，遠隔コミュニケーションの手段として，電話や手紙などがあるが，現在はそれらの使用頻度が全体に減少しており，それに代わって，インターネットやモバイル端末が猛烈な勢いで普及している．遠くにいる人とのコミュニケーション技術は，飛躍的に進歩し，海外に生活する人とも普通に連絡が取れるような時代になった．そのような発展の背景で，以前には生じ得なかったような人間関係のトラブルが発生していることも，また事実である．この問題は大人の世界ばかりではなく，小学生や中学生にまで波及しており，社会問題に発展している．では，コミュニケーションのトラブルはなぜ起こるのか．その主な原因として，対面している状況では普通に生じる「共感」が，新しいコミュニケーション形態のなかで生じにくかったり，生じたとしても意図的に無視されたり，あるいは別の個人的な感情に置き換わってしまっていることが考えられる．心や脳の研究者は，時代の流れとともに生じた，このようなコミュニケーション上の新たな課題に，「共感」という要素に着目しつつ真剣に取り組む必要がある．

1 はじめに

　心理学や認知科学の分野では，これまで人間の情報処理の仕方をもとに，いわば「領域」別に学問体系を築いてきた．領域とは，たとえば，知覚，言語，記憶，学習，推論，意思決定などのテーマを意味し，人間の認知機能をこうした用語をもとに概念化してきた．このアプローチは歴史的にみれば，大きな成功を収め，人間の知的な情報処理のメカニズムに関する理解が進んだ．ところが，「共感」のいわば実体ともいえる「感情」のメカニズムについては，我々のコミュニケーションにおいてきわめて重要な要素であるにもかかわらず，その解明が遅れていた．近年では，心の機能を脳神経メカニズムをもとに考える「認知神経科学」が急速に発展し，感情に関する学問は「感情神経科学(affective neuroscience)」という一学問として確立されるまでに至った．しかし，感情のメカニズムに関する理解の遅れを取り戻せたのかというと，そう判断するのは時期尚早である．なぜならば，感情は，先に挙げたさまざまな領域のいずれとも関連が深く，その全体像の把握が容易ではないからである．

　とはいえ，感情のさまざまな心理学的・神経科学的な側面に関する理解が進んだのも事実である．その発展を通して，浮かび上がってきたことが主に2つある．1つは，先に述べた心理学の枠組みに囚われていては，感情を含む，複雑な心のメカニズムの謎が十分に見えてこないということである．「感情」という小さな枠組みで捉えられる基礎的な現象については，そのメカニズムの解明が以前と比べてだいぶ進んだといえる．しかし，感情をより大きな枠組みで捉えたとき，その理解はいまだ不十分であるといわざるを得ない．たとえば，

(1) 感情を知覚的な側面でみるとどのようなまとめ方ができるのか，相手の視線や細かな運動などが，我々の感情に潜在的に与える影響はどこまでわかったのか．

(2) どのような感情を喚起した場合，その出来事が長い期間，記憶に定着

するのか，ある体験がトラウマとして記憶に残ってしまう場合もあればそうでない場合もあるのはなぜか，というような問題については，今までの脳科学では満足できる解答が得られていない．これらのトピックを上記の領域で捉えると，(1)は感情と知覚，(2)は感情と記憶の問題であるということができ，まさに領域横断的で複合的なテーマであることがわかる．感情を多角的に捉えることが必要とされているのである．本巻で焦点を当てる「共感」という現象についても，感情と類似した捉え方ができる．

　感情研究が発展するにつれ，見えてきたもう1つの点は，感情に関連する脳活動を理解することに加え，身体活動の影響を十分に考慮することが必要であるという点である．ここでいう身体活動とは，心拍や血圧の変化，発汗の状態，胃の状態など，主に身体の自律神経システムが制御する内臓の活動を意味する．感情における身体活動の重要性については，ウィリアム・ジェームズが今から130年前の1884年に"What is an emotion?"というタイトルで論文を発表して以来，多くの心理学者や哲学者がその重要性を主張してきた[1]．しかし，感情の基礎的な神経メカニズムの理解が進む一方，身体活動までを考慮に入れた統合的な視点からの研究については，まだまだ発展途上といわざるを得ない．

　共感については，人文科学，社会科学，自然科学の多岐にわたる分野で取り上げられており，本巻でも認知科学，神経科学，発達科学，社会科学などの立場から「共感」について深く掘り下げる．「共感」という現象は，直感的には理解しやすく感じられ，さまざまな例が頭に浮かぶものの，いざその定義をしようとすると，現象が多義的であり，実体がつかみにくいという特徴がある．共感について深く理解するためには，従来の学問的な枠組みを打破し，さまざまな分野融合的な視点から取り組むことが必須である．歴史的に振り返ると，過去の哲学や心理学の書物では，共感について語られてはいるものの，科学的な視点による研究に着目すると，やや隙間的な位置づけで扱われる傾向が見受けられ，科学的な理解や解明が進んでいるとはいい難い．以上のような点が，岩波講座「コミュニケーションの認知科学」の一巻として本巻を計画するに至った理由である．

共感とは「共感情」であり，他者の感情状態に対する同期的な反応である．この主観的なレベルの感情の同期の背後には，それを引き起こす身体反応が生じており，それが「共感」という形で表現されているという可能性について考慮しなければならない．コミュニケーションを科学的に探究する上で，なぜ「共感」に焦点を当てる必要があるのか．本章では，上記の点を踏まえた上で，まず「共感とは何か」について，これまでの共感研究の歴史をたどりながら，その生起メカニズムについて，認知神経科学のさまざまな視点から最新の知見をもとに考える．

2 共感とは何か

2-1 共感の捉え方

　共感とは，他者の感情状態を共有する精神機能であるが，この精神機能をどのような要素に分解して捉えるべきかということから考えたい．まず，(1)他者の感情状態を理解するという機能と，(2)その状態を共有する，あるいはその状態に同期するという機能に分けられる．心理学などの分野においては，これに対応する概念として，認知的共感(cognitive empathy)と情動的共感(emotional empathy)に区別する捉え方が広がっている．前者は「他者の心の状態を頭の中で推論し，理解する」，いわばクールな機能を意味するのに対し，後者は「他者の心の状態を頭の中で推論するだけでなく，身体反応も伴って理解する」，いわばホットな機能を意味する[2][3][4]．両者ともに共感と呼ばれる精神機能ではあるものの，質的にはかなり異なる．

　前者の「認知的共感」は，比較的意図的なプロセスを含んでおり，スイッチにたとえれば，オンオフの切り替えがある程度可能である．たとえば，善人が何の罪もないのに何らかの罰を受けているようなシーンを見せられると，それは不適切であると判断し，いやな気持ちや悲しい気持ちを感じたり，場合によっては，憤りの気持ちなどを感じるかもしれない．これはスイッチがオンの状態である．一方，倫理的に不適切な行為をしたような他者が罰を受けているようなシーンを見ると，罪を受けるのは当然であると考え，共感の

スイッチを意図的にオフにすることもできる．認知的共感は，情報処理の方向性としては，基本的にはトップダウン型の処理であると考えられる．

これに対し，後者の「情動的共感」のほうは，スイッチをオフにすることは困難である．情動的な共感が生じる背景としては，まずその場の状況に接した時点で自動的に身体が反応してしまい，同時に他者の心の状態を考え，その結果として共感が認識される．情動的共感は，情報処理の方向性としては，基本的にはボトムアップ型の処理であると考えられる．

このように考えると，共感のプロセスにおいて，他者の心的状態の推論は必要な要素であり，それを引き起こす手がかりとして，身体の反応を前提とする場合が「情動的共感」，身体の反応を前提としない場合が「認知的共感」ということになる．この区別は，共感を示す主体の状態を認識する上で重要な区分である．

一方，少し異なる視点から，共感を3つの要素，すなわち，(1)行動的共感，(2)身体的共感，(3)主観的共感に区別する見解もある[5]．(1)は，他者の行動を観察すると，それに伴い，自分に類似した行動が起こるという意味で，行動的共感という用語が用いられる．これは「他者の行動を見たり聞いたりする(知覚する)ことによって，観察者である主体者が類似した行動をする」という現象を対象としている．他者がつまらなく感じて頬杖をつくのを見て，観察者も頬杖をついたという例や，他者があくびをしているのを見て，それが伝染してしまうというような現象なども行動的共感の例である．行動的共感を生み出す「知覚と反応の結合性」は，シミュレーション，すなわち，他者の状態を真似るという行動によって説明されることが多い．この考え方は「ミラーニューロン仮説」とも一致する部分が多く，一部の動物にはこのようなシステムが備わっていると主張されている[6]．行動的共感は，観察される者と観察する者に類似した行動が表出されることをもって，行動的に共感したと定義し，そこには感情表出時にしばしば見られるような身体的な同期反応や，主観的な共感の感覚が伴うことは前提としていない．

(2)の身体的共感は，他者の行動に触れることによって，身体反応がボトムアップに誘発される場合を意味する．他者が涙を流しているのを観察し，自分も涙を流してしまうような状態である．ただ，外部から観察すると身体

的な同期反応が見られても，観察者に主観的な共感の感覚が伴っているとは限らない．(3)の主観的共感は，まさに主体者が共感しているという意識を持っているような状態をいう．身体的な同期反応には，主観的な共感を伴うことが多いものの，主観的なレベルでの共感はトップダウンにも生じることがあり，主観や意識のレベルでは共感の感覚があったとしても，身体レベルでは反応が見られない場合もある．主観的共感は，同一集団に属する相手などには共感が生じやすいなど，社会・文化的な要因が関与する点が特徴である．

上記の2つの捉え方を，表1にまとめて示す．認知的・情動的共感という分類と，行動的・身体的・主観的共感という分類は，それぞれの役割，制御の可能性や方向性，およびそれらを支える神経ネットワークという視点から，表1のように統合的に理解できる．共感を研究対象とする際には，共感に関わるどのような反応が身体で生じ，どのように自己認識され，どのように行動的に出力されるのか，という多次元的な枠組みのなかで把握することが重要である．なお，それぞれの機能の実現に関連する脳神経基盤については，以下の第3節以降で詳しく説明する．

表1 共感の分類．

	行動的共感	主観的共感	身体的共感
	認知的共感		情動的共感
役　　割	他者の心的状態の推論と理解	共感の自己認識	身体反応(自律神経反応)を伴う他者の心的状態の理解
制御可能性	制御可能	制御可能	制御不可能
神経ネットワーク	ミラーニューロンネットワーク・メンタライジングネットワーク		エモーショナルネットワーク・セイリエンスネットワーク

2-2 Sympathy と Empathy

このように共感は，その形態からいくつかに区別して捉えられているが，そもそも日本語の「共感」という用語に対応する英語の表現には，sympathy と empathy がある．両者をあまり区別せずに用いる場合も多いが，両者を別個の現象と捉える見方もある．両者を区別する場合，sympathy は感

情の「共鳴現象」的な側面を意味し，より受身的な要素と考えられているのに対し，empathy は「感情移入」的な側面を意味し，より能動的な要素と考えられている[7][8].

これまでの社会心理学的な見解によると，sympathy は他者の心の状態とそれに共鳴する受け手の心の状態が異なることもありうると考えられている．たとえば，自分の大切な人が攻撃を受けていて悲しがっているのを見て，悲しみを感じずに，攻撃している人に怒りを感じる，というようなシーンを考えると，他者と受け手の反応が同じではないことがわかる[9].

一方，empathy という用語は，心理学者のエドワード・ティチェナー (Edward Bradford Titchener) が 1909 年に感情移入という意味で用いられるドイツ語の Einfühlung に対応させたのが始まりとされる[7][10]．そのため，1900 年よりも前の哲学や心理学の文献では，sympathy という用語しか用いられていない．感情移入というからには，他者と受け手の感情が類似している必要があり，相手の心の状態を知るための，より積極的な手段と考えられてきた傾向が見受けられる．これまでの日本語の文献を見ると，sympathy を同情，empathy を共感とそれぞれ訳出するケースもあるが，最近は両者のニュアンスを含み，「共感」という用語が使われることが多い．共感について深く考察する際には，sympathy と empathy という原語のニュアンスを正しく捉え，他者と受け手の心の状態の同質性および異質性という視点を持つことが重要である．

2-3 社会における共感

歴史的な視点も含めて「共感」という現象に焦点を当てたこれまでの研究を振り返ると，心理学や認知科学のみならず，人文科学・社会科学・自然科学にわたる幅広い分野においてその役割が議論されている．詳細は，本巻の第 2 章以降でさまざまな側面から議論するが，それらを細かく見ると，人間社会のコミュニケーションにおいて，共感がいかに重要な意味を持つかが理解できる．

「コミュニケーション」という視点から共感について考える際，触れなくてはならないのは，アダム・スミス (Adam Smith) の著作である．経済学者

として名高いアダム・スミスは，1759年に刊行した『道徳感情論』において，人間の行動の動機は，自己の利益であるとしながらも，人間の持つ共感という心の役割の重要性を説いた．人は他者による共感を得るために，公平な観察者の視点を意識し，それに基づいて人間が行動することで，社会に秩序がもたらされる．つまり，共感がさまざまな経済現象を説明する上での人間行動の中核にあり，社会の公平性を生み出し，それが道徳観の形成にも深く関与していると考えたのである[11]．スミスよりも以前に，政治哲学者のトーマス・ホッブス(Thomas Hobbes)は，著書『リヴァイアサン』の中で，人間は他人の損失をあてにして自分の利益を最大にしようとしてしまう行動傾向を持っており，それを抑制することで平和と秩序をもたらすのが国家の役割であるという主旨のことを述べている[12]．スミスは，ホッブスの見方を「共感」という見方を通して，個々人の感情の次元から考察したと位置づけることもできる．共感が根幹となって道徳観が育まれるという考え方は，決して古いものではなく，現代のさまざまな現象を説明する際にも十分適用可能である．本巻の第7章では，社会における共感について，よりグローバルな視点から分析し，共感にはアドバンテージとディスアドバンテージがあるということについて詳しく述べる．

発達心理学者のトマセロ(Michael Tomasello)は，社会における互恵性の基礎的な部分が，幼児期の「協力し合う」という経験から構築されるという見方を示しており，共感を発達の視点から見ることの重要性を主張している[13]．人間の協力や協調という行動については，その起源を進化の視点から考察することが重要であり，これまでの動物行動学における多くの知見が役立つ．上述のsympathyとempathyという区分をもとに考えると，sympathyについては，人間固有の機能ではなく，他の種においてもその源と考えられるような行動が認められる．

共感によって，社会的きずな(結束性)が築かれ，集団に対する帰属意識が育まれることにより，生命の安全が保証され，それが転じて繁殖の可能性を高め，子孫の繁栄にもつながっているのである[14]．本巻の第2章および第3章では，発達心理学や進化・動物心理学の視点から「共感」の意味について詳しく議論する．

共感を発達と進化という両軸から考える際に特に重要なのは，sympathy から empathy の機能がどのように備わってきたかという点である．empathy による感情移入が「積極的な」機能であることは先に述べた通りだが，そのように仮定するならば，その積極性を制御することができるはずである．実際，人間は状況に応じて，共感の機能をスイッチのようにオンオフすることができる[15]．たとえば，後に詳しく述べる「痛みの共感」に関する研究では，他者が罰を受けても当然だと考えられる場合と，他者が罰を受けるのは不当だと考えられる場合では，共感の程度が異なることが，MRI による脳機能画像研究で示されている．進化的な基盤を持つボトムアップの共感と，状況によって制御できるトップダウンの共感を分けて議論することで，人間の共感を支えるメカニズムがより深く理解できると考えられる．

現代社会においては，育児放棄，DV，いじめなど，心を原因とするさまざまな課題が山積しているのが現状である．これらに共通するのは「共感不足」であるという見方も広がっており，あらためて「共感とは何か」という問題をしっかり考えておくことが求められている[16]．

3 共感と「心の理論」

3-1 「心の理論」から見た共感の分類

本節以降では，共感を生み出す認知メカニズムについて，それを支える脳内メカニズムと対応させながら検討したい[17][18]．共感の生起に関係の深い3つの主なネットワーク，すなわち，(1)他者の感情を適切に理解する機能(メンタライジングネットワーク)，(2)他者の動作の観察を通して，自らのなかにそれを取り込む機能(ミラーニューロンネットワーク)，(3)感情を生じさせるための身体反応を引き起こす機能(セイリエンスネットワーク)をもとに，それぞれがどのような役割を果たしているのかについて考えることから始めたい．

心理学の分野において，他者および自己の心の状態をいかに認識するかに

ついては,「心の理論(theory of mind)」というテーマのもとで数多くの研究が行われている.「心の理論」という用語は,小さい頃から子どもが「心の世界とはいかなるもので,どのように働くものなのか」について仮説を持ち,それを理論として検証するかのように理解を深めるのではないか,という捉え方がもとになっている.他者との円滑なコミュニケーションを行う上で重要な機能の1つは,他者の意図や欲求,あるいは信念を理解することである.「心の理論」の研究が対象とするのは,「直接目で見ることのできない自己や他者の心的活動に関する理解」である.日常場面において,人は言葉を使わずとも,その場の雰囲気や顔の表情などを通して,他者の心の状態を推論することができる.このような理解のメカニズムがうまく機能しないと,他者とのコミュニケーションに支障をきたすばかりでなく,自分自身の行為を客観的に振り返ることにも困難が生じる.

「心の理論」という用語がはじめて用いられたのは,プレマック(David Premack)らの1978年の論文であり,この論文には「チンパンジーは心の理論を持っているか?」というタイトルがつけられている[19].この刊行がきっかけとなって,心の理論に関する研究が,心理学および認知科学の一分野として確立された.他者の理解という視点についても,共感と同様,進化的な視点が取り込まれている点が興味深い.

共感のもとにある「心の理論」について考える上で重要なことは,他者理解の仕方に,言語的コミュニケーションと非言語的コミュニケーションに基づくものがあるという点である.他者の発言からその人が何を考えているかを推論することは,きわめて一般的な現象であるが,日常場面においては,人は言葉を使わずとも,相手の顔の微細な表情や視線の方向などを通して,他者の心の状態を推論することができる.前述の通り,共感にはトップダウンとボトムアップの形式があり,前者は言語をもとにした,より顕在的(意識的)な心の理論のパフォーマンスと,後者は非言語をもとにした,より潜在的(無意識的)な心の理論のパフォーマンスとそれぞれ深い関係にある.前者は言語をベースとした「思考」のプロセスの結果として理解されるのに対し,後者はむしろ「直感的」な理解である点が相違点である.これらの違いは,後述するように,それぞれを支える神経基盤の違いにも表れている.

他者の心の世界を推論する際に，思考を要するプロセスと直感的なプロセスがあるように，共感が生じる際にも2つのプロセスを仮定することができる．意識的な心の働きの結果として生じる共感と，より無意識的に生じる共感があり，後者については，自律神経活動を介した身体状態の変化が重要な鍵を握っている．

3-2 脳の働きをいかにして調べるか

次に，「心の理論」の推論にはどのような脳神経基盤が関与しているかという点について考え，脳機能から「心の理論」の要素的成分について検討し，そこから共感を生み出す脳内メカニズムについて考えてみたい．

「心の理論」の神経基盤について考える前に，認知神経科学の専門領域で用いられる脳研究の手段について簡単にまとめておく．現在，認知機能の神経基盤を研究する方法には，大別して3つの方法論がある．1つは，脳損傷や精神神経疾患の症例を対象とする方法である．この方法はもっとも古くから用いられている方法であり，この方法論による研究は「神経心理学」と呼ばれている．神経心理学の領域で対象とされる障害や疾患は多岐に及んでおり，いずれの脳部位の障害に伴って，どのような機能が損なわれるかに焦点が当てられる．研究の長い歴史を持つ疾患としては，失語症（言語障害），健忘症（記憶障害），認知症（高次認知機能の全般的障害），失認（事物認識障害），失行（意図行為障害）などが挙げられる．近年は，自閉症スペクトラム障害などの発達障害の神経基盤に関しても多くの事実が明らかにされており，「心の理論」や共感などの社会性に関わる障害についても，神経心理学からのアプローチによる研究が進められている．

2番目の方法は，神経生理研究や心理生理研究と呼ばれる方法であり，単一の神経細胞の電気活動を直接調べたり，複数の神経細胞の発する電位変化を脳波計（electroencephalogram, EEG）を用いて測定する手法である．ある心理事象に対応して生じる特定の波形を測定する事象関連電位（event-related potentials, ERP）も，この手法に当たる．この方法の利点は，後述する第3の方法と比べ，時間的解像度に優れ，ある事象に伴う脳活動をミリ秒単位で追えることにある．

そして，第3の方法が，近年の認知神経科学で主流になっている脳機能画像技術を用いる方法である．具体的に用いられる脳画像技術としては，機能的MRI(functional magnetic resonance imaging, fMRI)，ポジトロンCT(positron emission tomography, PET)，脳磁図(magnetoencephalogram, MEG)，経頭蓋磁気刺激(transcranial magnetic stimulation, TMS)，近赤外線分光法(near-infrared spectroscopy, NIRS)などである．それぞれの技術には，長所と短所があるため，研究目的に応じて，空間分解能，時間分解能，侵襲性などの観点から用いる手法を選ぶのが現状である．上に挙げた手法の中で，近年の研究で最も多く用いられているのはfMRIである．これは，非侵襲性の核磁気共鳴を利用する装置であり，空間分解能が高く，大脳皮質から脳幹に至るまでの幅広い領域を鮮明に撮し出せることが最大の特徴である．

3-3 「心の理論」の神経基盤

「心の理論」の神経基盤に関しては，fMRIを用いた研究を中心に，数多くの結果成果が報告されている[20][21][22][23][24]．それらを概観すると，「心の理論」に関連する脳部位としては，前頭前野内側部(medial prefrontal cortex, MPFC)，帯状回前部近傍(anterior paracingulate cortex, ApCC)，側頭頭頂接合部(temporoparietal junction, TPJ)，下頭頂小葉(inferior parietal lobule, IPL)，上側頭溝後部(posterior superior temporal sulcus, pSTS)などが挙げられる(図1：外側面・内側面参照)．

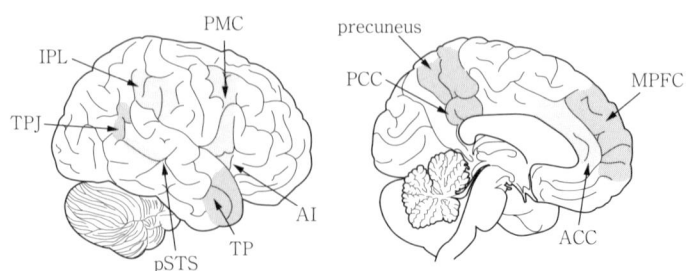

図1 共感を生み出す神経基盤(左図：外側面，右図：内側面)：IPL(下頭頂小葉)，TPJ(側頭頭頂接合部)，pSTS(上側頭溝後部)，TP(側頭極)，AI(島皮質前部)，PMC(運動前野)，PCC(帯状回後部)，ACC(帯状回前部)，MPFC(前頭前野内側部)，precuneus(楔前部)．

これまでの研究から明らかにされたことをまとめると，前頭前野内側部(MPFC)，帯状回前部近傍(ApCC)，側頭頭頂接合部(TPJ)，下頭頂小葉(IPL)は，心の理論の「推論」に関わる処理に総合的に関与しており，あえて大局的にまとめるとすれば，MPFCとApCCは，より自己の心的状態の認識に，TPJとIPLは，より他者の心的状態の認識に関与することを示す証拠が得られている[20][21][23]．以下では，これらの部位が「心の理論」のどのような要素的な成分に関与しているのかについて，詳しく述べる．

3-4　自己の心的状態の理解

　前頭前野内側部(MPFC)と帯状回前部近傍(ApCC)は，大脳皮質正中線構造(cortical midline structrue)と呼ばれる，脳の内側面の前部に位置している(図1：内側面参照)．これらの部位は，大脳皮質正中線構造の後部に位置する楔前部(precuneus)，帯状回後部(posterior cingulate cortex, PCC)，脳梁膨大後部(retrosplenial cortex)とともに，自己に関わるさまざまな認知処理に深く関与することが明らかにされている[25]．大脳皮質正中線構造の前部および後部は，「デフォルトモードネットワーク」と呼ばれる領域でもあり，このことが，なぜこれらの部位が自己に関連するさまざまな認知処理と関連しているのかを解く鍵になる[26]．

　通常，脳のある部位が賦活(アクティベーション)されると，それに伴ってその部位の血流が増加し，酸素の供給が増える．それと同時に，磁性体であるデオキシヘモグロビンの濃度が減り，MRI信号への歪みの影響が小さくなることで，結果的にMRI信号強度が増える．fMRI研究では，一般に，対象となる参加者に対し，あるターゲット課題および統制課題に従事させ，それらの状態での脳賦活状態を比較し，ターゲット課題でのみ深い関与が見られる部位を特定する．fMRI研究では，統制課題を作成する際，ターゲット課題に類似しているが，調べたい要素のみが含まれていないような課題を用意し，その要素のみを取り出す手法を用いる．しかし，fMRIを用いた初期の研究では，統制課題として，参加者に閉眼安静状態を取らせたり，スクリーン中央に呈示される注視点をただ観察させることが多く，これをレスト状態と呼び，文字通り，脳内においてレスト(休息)状態であることを仮定し

ていた．ところが，ターゲット課題遂行中とレスト状態の脳活動を比較すると，レスト状態よりもターゲット課題遂行中の脳活動のほうが減少（ディアクティベーション）する部位があることが明らかになった．このように，特に要求された課題もなく，静かにしている状態を「デフォルトモード」と呼び，そのような活動パターンが見られる部位を総称して「デフォルトモードネットワーク」と呼ぶ．その後の研究で，MRI信号の低下は，血流や酸素代謝の低下といった身体状態と関連しており，さらには神経活動の減少を示す可能性が高いことも報告されている[27]．デフォルトモードの状態は，アルツハイマー型認知症などで変化が見られることが知られており，近年ではデフォルトモードにおける脳活動状態が診断基準などにも活用され始めている[28]．

では，デフォルトモードの部位がなぜ自己の心的状態の理解に関係するのだろうか．このことについては，後述の「身体反応から見た共感」の節で詳しく触れるが，身体内部に注意が向けられることと関係がある．冒頭で少し述べた通り，主観として感じられる感情状態は，そのときの身体状態と密接に関わっている．すなわち，自分自身の心の状態を理解する際にも，我々は無意識に身体状態に注意が向けられているために，このような結果が得られると考えられている．実際，実験課題の遂行中であっても，自らの趣味や好き嫌いの判断を求められたり[29]，人の視線が自分に向けられている場合[30]などは，MPFCやApCCの賦活が認められるという報告があり，この説の裏付けになっている．

3-5 他者の心的状態の理解

一方，側頭頭頂接合部（TPJ）と下頭頂小葉（IPL）は，「心の理論」ばかりでなく，いくつかの特殊な認知機能にも関わっていることが知られている．興味深い点は，これらの部位が，事物の包含性や埋め込み構造を理解する際に，強い関与が報告されているという事実である[31]．すなわち，他者の心のなかに自身がどのように映っているか，また，そのことを考えている自身について，他者がどのように理解しているか，といった複雑な入れ子構造（nesting structure）の理解に関与している．実際，他者の心的状態を理解する際

には，このような処理が必要とされているのであろうか．

「心の理論」の理解を調べる課題は，これまでに多くのものが提案されているが，最も広く知られている誤信念課題では，物語や実演を通して，登場人物の信念について正しく理解されているかが問われる．たとえば，「サリーとアンの課題」では，まず次のような物語を聞かせる[32]．

『サリーはバスケットを持っていて，アンは箱を持っています．サリーはボールを自分のバスケットの中に入れました．サリーは外に散歩に出かけました．サリーがいない間に，アンはバスケットからボールを取り出し，自分の箱の中に入れました．さて，サリーが帰ってくる時間です．サリーは自分のボールで遊ぼうと思いました．サリーはボールがどこにあると思うでしょう．』

この課題では，サリーはボールが移されたという事実を知らないので，バスケットを探すというのが正答である．この課題に正答するためには，現状とは異なるサリーの信念を理解することが必要となる．そのためには，物語で述べられた事実の正確な表象，すなわち，現状(ボールは箱の中)とは異なるサリーの頭の中の表象(ボールはバスケットの中)を形成することが求められる．このような表象形成は，入れ子構造の理解が前提とされており，4歳程度にならないと，この課題の遂行が困難であるとされている．

「サリーとアンの課題」は第1次誤信念課題とも呼ばれているが，「アイスクリーム屋課題」に代表される第2次誤信念課題では，さらに複雑な入れ子構造の理解が求められる[33]．次のような課題である．

『ジョンとメアリーが公園で遊んでいると，アイスクリーム屋さんがやってきました．2人はアイスクリームを食べたいと思いましたが，2人とも財布を持っていませんでした．そこで，メアリーは財布を取りに家に帰りました．ところが，アイスクリーム屋さんは公園ではお客が来ないので，教会に移動するとジョンに告げます．公園に戻ろうとしていたメアリーは，教会に向かうアイスクリーム屋さんと出会い，教会に移動することを知ります．では，今，メアリーがアイスクリーム屋さんはどこにいると思うと，ジョンは考えるでしょうか．』

この課題に正しく答えるためには，アイスクリーム屋さんが教会にいるこ

とを知っているメアリーの1次表象に加えて，そのことを知らないジョンの表象，すなわち2次表象が必要とされる．この2次表象は「ある人の心の世界を別のある人がどのように考えるか」という二重の構造をしている．このような，いわば表象の表象をメタ表象と呼ぶ．メタ表象の理解には，より複雑な入れ子構造の理解が必要とされるため，6歳程度にならないと遂行が困難であるとされている．

　このように，自己と他者の心の状態の理解においては，それぞれ求められる認知処理の性質が異なっている．そのことが，脳の異なる部位の賦活を生み出すものと考えられる．

　一方，上側頭溝後部(pSTS)は，他者の心の状態の認識という意味では，少し異なった機能を担っていると考えられている．これまでの研究から，STS(上側頭溝)は他者の視線の認識に強く関与することが明らかにされている[22]．また，暗闇の中で動きの輪郭が追えるように数点の光をつけ，その光点の動きからその事物が何であるかを推論させるような実験をすると，やはりSTSの活動が認められるという報告も数多い．これを「生物学的な動き(biological motion)」と呼び，人間がこの機能を持っていることで，敵の存在を瞬時に感知することができ，進化において有利であったと考えられている[34]．

　このように当初の脳機能画像研究は，いずれの部位が「心の理論」のどのような側面と深く関係するかという視点で実施されており，一定の信頼性のある成果が得られた．しかし現在は，特に関与が深い複数の部位からなるネットワークとして捉えられており，特に「心の理論」の実現に関連するネットワークは，「メンタライジングネットワーク」と呼ばれている．メンタライジングとは，他者の心を推論するという意味で用いられている用語である．ネットワークとして捉えることで，関連する認知処理と部位を一対一対応させるのではなく，脳機能を柔軟性のある統合的な処理メカニズムとして捉えることができる．現在は，心の理論に限らず，他の認知機能に関してもネットワーク的な観点で捉えられている．そして，それらのネットワークをそれぞれスモールスケールネットワークとして捉え，脳全体がラージスケールネットワークとして，さらに統合的な調和がとられているとする考え方が一般

的である．

3-6　自閉症と「心の理論」

こうした「心の理論」の障害があると，共感的な行動が見られず，他者とのコミュニケーションの障害を引き起こしかねない．「心の理論」に関する研究は，当初から自閉症スペクトラム障害（以下，自閉症）を対象とした発達障害の研究と密接に結び付いている．自閉症者は他者とのコミュニケーションを不得意としており，自らの世界に没入するという傾向を強く持つことは，これまで多くの研究から明らかにされてきたことである．

では自閉症では，具体的にどのような「心の理論」の障害を示すのであろうか．バロン＝コーエン（Simon Baron-Cohen）らは，先に示した第1次誤信念課題の成績が，比較的重度の自閉症児において低いことを報告した．一方，より高機能を示す自閉症児では，「高次の心の理論課題」と呼ばれる課題において困難を示すことが知られている．「奇妙な物語課題」[35]や「失言検出課題」[36]などがそれに該当する．たとえば，失言検出課題では，次のような物語を聞かせる．

『ジェームスはリチャードの誕生日におもちゃの飛行機をプレゼントしました．数ヵ月後，2人がこの飛行機で遊んでいると，ジェームスは突然それを落としてしまいました．するとリチャードは次のように言いました．気にしないで．どうせ，あまり気にいっていなかったから．誰かが僕の誕生日にくれたんだ．』

この物語を聞かせた後，質問として「物語の中で，誰かが何か言うべきでないことを言いましたか」と尋ね，リチャードの失言について報告できるかどうかを調べる．これらの課題では，物語で展開される文脈を理解し，失言，皮肉，比喩などの発言に隠された本来の意味を理解しているかどうかが問われる．

このような課題で困難を示すと，実際の日常生活においても共感的な行動が見られないことが多い．自閉症の症状の程度は，先に述べた共感の分類をもとに考えると，他者の心的状態の推論を不得意とするために認知的共感が得られず，情動的共感で見られるような身体反応も付随しない傾向が強い．

そのために，行動療法をはじめとする心理療法では，いかにして認知的共感と解釈されるような言語的，行動的反応を示すかが目標とされる．なお，自閉症における心の理論については，本巻の第5章でも詳しく触れる．

3-7 脳の障害と「心の理論」

では，「心の理論」の推論に関わる脳の部位に障害が及ぶと，実際にそのパフォーマンスは低下するのだろうか．梅田らはこの点について，前頭前野内側部(MPFC)に損傷を持つ症例を対象として調べた[37]．その結果，上記の「誤信念課題」における成績低下はまったく示されず，「高次の心の理論課題」でも，それほど顕著な障害は認められなかった．この結果は，先行研究とも一致しており，前頭前野内側部が後天的に損傷を受けても，他者の心の世界の推論能力は極端には低下しないことが明らかになった[38]．ただし，自記式の質問紙調査(自閉症指数質問紙[39])において，障害後に社会性の障害が際立ち，自閉症傾向が強まったという興味深い結果が得られた．

このようなパターンの結果が得られた理由について，前頭前野内側部はあくまでも「メンタライジングネットワーク」の一部に過ぎず，他の部位が適切に動作していれば，他者の心的状態の理解の障害は顕在化されないという解釈が妥当であろう．ただし，ネットワーク内の一部に障害が生じているのは事実であり，自閉症傾向が強まった可能性は十分に考えられる．前述の通り，MPFCは自己の心的状態の理解に深く関与する部位であり，そのことがパーソナリティの変化として露呈したとも考えられる．

メンタライジングネットワーク内の部位の障害が，もしも発達期に生じると，ネットワークの全体的機能の基盤形成に障害が出る可能性があり，大人になっても「心の理論」や共感のパフォーマンスに不具合が示される可能性も十分に考えられる[40]．自他の心的状態の理解に関わる脳機能を調べる上で大切なことは，ネットワークとしての統合的機能に着目する必要があるということであり，一対一対応などの端的な解釈や，発達を通した認知機能の獲得を軽視すべきではない．

4 身体反応から見た共感

本節では，共感を生起させる上で重要な役割を担う身体機能に焦点を当てる．身体反応を手足や姿勢などの運動機能と自律神経機能に分けて検討し，それぞれに共感の生起がいかに関わるかについて検討したい．

4-1 ミラーニューロンネットワーク

人間は，他の人の動きや行動を観察して，それを真似ることにより，さまざまな学習をする．言葉によってコミュニケーションがとれない新生児や乳児にとっては，観察をもとにした学習は，個人としての「生き延び」だけでなく，世界と関わり，生活に適応していく上で重要な役割を担う．観察をもとに，それを真似ることによる学習は，人間のみならず，他の霊長類でも見られることが知られており，こうした機能を実現するメカニズムは，「ミラーニューロンシステム」と呼ばれている[6][41]．詳しくは，本巻の第2章および第6章においても取り上げるが，ミラーニューロンシステムの持つ認知機能は，共感を生じさせる上で極めて重要な役割を担っている．

ミラーニューロンシステムについても，メンタライジングネットワークと同様，ネットワークとして捉えられている．そのネットワークを構成する部位は，前頭葉下部(inferior frontal gyrus, IFG)，運動前野腹側部(ventral premotor cortex, vPMC)，運動前野背側部(dorsal premotor cortex, dPMC)，上頭頂小葉(superior parietal lobule, SPL)，下頭頂小葉(inferior parietal lobule, IPL)，上側頭溝後部(posterior superior temporal sulcus, pSTS)などである[42](図2参照)．

これらの部位のいくつかは，先に述べたメンタライジングネットワークと重複しているが，運動前野などはミラーニューロンに特異的な部位である．運動前野の部位の機能を明らかにするために実施されたfMRIの研究では，参加者にさまざまな表情の顔写真を見せ，観察条件ではただそれを見るように，模倣条件ではその表情を真似るようにそれぞれ教示した[43]．その結果，

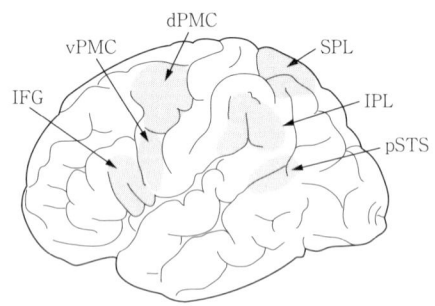

図2 ミラーニューロンネットワーク：IFG(前頭葉下部(三角部・弁蓋部))，vPMC(運動前野腹側部)，dPMC(運動前野背側部)，SPL(上頭頂小葉)，IPL(下頭頂小葉)，pSTS(上側頭溝後部)．

模倣条件でのみ，左右両側の運動前野に強い活動が見られ，共感の生成を支える重要な部位として認識されている．

4-2 自閉症とミラーニューロン

前節で自閉症における「心の理論」の障害について述べたが，自閉症の症状の原因は，ミラーニューロンネットワークの全般的機能低下と関連があるという知見も示されている[44]．ミラーニューロンネットワークが担う身体ベースでの同期反応に低下が見られることが，ボトムアップな共感を生じにくくさせているという見解である．しかし，こうした自閉症のミラーニューロン機能の低下については，異論も示されている．詳細については，本巻の第5章における議論を参照されたい．

一方，「論理性を男性脳の機能，共感性を女性脳の機能」と考えるバロン＝コーエンは，自閉症を「極端な男性脳」の状態であると捉え，「心の理論」が不得意だったり，共感が得られにくいのは，性ホルモンの影響が大きいことを主張している[45]．この主張にもやはり批判的な見方はあるものの，これを支持する体系的な脳研究のデータも次々と報告されている[46]．脳磁図を用いたミラーニューロンネットワークの活動の性差を調べる研究では，男性よりも女性のほうが活動レベルが高いことが示されている．一般に，共感の感受性は女性のほうが高いことが指摘されているが，その背後には，ミラーニューロン機能による身体の同期性のレベルの違いが関連する可能性が考

えられる[47].

　近年，バロン＝コーエンは『共感の欠如(Zero degrees of empathy)』という書物のなかで，共感は，注意の焦点を同時に複数に向けるような心の状態のときに起こると述べている[48]．自閉症の持つ固執性というパーソナリティ特性は，そもそも注意が単視点的であることを含意するが，自閉症においても多くのケースでは，注意を複数に向けることは困難であるものの，決して不可能ではなく，複数の対象に同時に注意を向けるためには，何らかの外部的な手がかりが必要とされる．注意のコントロールを誘発する手がかりになるのが，ミラーニューロンネットワークが担う運動同期現象であるという可能性も考えられる．

　さらに，自閉症を対象とした近年の研究では，女性の子宮収縮や陣痛促進を導くことで知られるホルモンであるオキシトシンの投与が，男性における「心の理論」のパフォーマンスを高めるという報告が相次いでいる．当初，オキシトシンは，女性のみにおいて効果が見られるホルモンという位置づけであったが，これを男性に投与することで，他者の目から感情状態を読み取るパフォーマンスが高められたという結果や，自閉症における反復行動が減少したという結果が報告されている[49][50]．日本で実施された研究をみても，飼い犬の視線を向けられただけで，飼い主のオキシトシンのレベルが増えることが報告されており，オキシトシンが共感の形成において重要な役割を担っていることが示唆されている[51]．これらの発見はバロン＝コーエンの主張の一部を裏付ける結果とも解釈でき，仮説の信憑性がさまざまな角度から高められている．

4-3　共感の共有

　共感を対象とした研究を進める上で重要なことは，ある個人の主観としての共感を対象とするだけでなく，他者が共感していることをいかにして知るか，また自分が共感していることをいかにして他者に伝えるかという点である．これらは厳密にいうと正確な「心の理論」を持つこととは異なる．

　臨床場面においては，しばしばラポール(rapport)という用語が用いられる．これは，カウンセラーとクライアントの間に構築される親和関係を意味

する．「この人は大丈夫だ」「この人とはうまくやっていける」という実感を持つことは，相手との間で確立された信頼の上に成り立つが，これはいわば，相手と「共感の共有」ができるという信頼感に基づくものである．このことは共感について理解する上でも，また自閉症を理解する上でも重要な視点である．

　自らの心的状態が正しく理解されているという信念を相互に持つこと，すなわち共感を共有することは，互いの間に「コミュニケーション感」を生じさせ，関係性の構築に伴う不安を軽減させる効果がある．自閉症の人々とのコミュニケーションにおいて，ある種の違和感を感じることがあるとすれば，こういったコミュニケーション感が欠落，あるいは不足している可能性が考えられる．

　共感の共有は，言語的なコミュニケーションのみによって形成されるのではなく，母子間の相互作用のような非言語的なコミュニケーションにおいても形成されうる．近年は，社会的な意味での身体の同期(social synchrony)が見られる際にも，前頭前野内側部(MPFC)と帯状回前部近傍(ApCC)の活動が見られ，そうした身体の同期が母親の不安の軽減にもつながるという証拠も示されている[52]．

4-4　共感と感情の伝染

　共感の現象については，「感情の伝染」という文脈からも考察ができる．感情の伝染とは，複数の個人の間で感情状態がうつる現象である．感情の伝染について詳しく調べた研究からは，感情の伝染が起こりやすい人とそうでない人がおり，その敏感性に個人差があることが指摘されている[53]．すなわち，個人が持つ以下のような傾向が，感情の伝染の起きやすさと関係している．その傾向とは，(1)他者の行動に注意を引きつけられやすい傾向，(2)他者との相互関係の中で自分自身を解釈しようとする傾向，(3)他者の感情表現，声，ジェスチャー，姿勢などの意味を理解できる傾向，(4)他者の顔の表情，声，姿勢などを真似る傾向，(5)自分自身の感情反応に気づきやすい傾向，(6)豊かな感情表現を示す傾向，の6つである．

　これらの傾向は，共感の個人差についても当てはめることができる．これ

らの6つの要因を細かくみると，注意の被誘導性(1)，モニタリング(2)(5)，他者の心的状態の推論(3)，身体表現性(4)(6)に分けることができる．前節でも示した通り，心の理論は他者だけでなく，自己の心の状態の認識にも関わっている推論機能であり，モニタリングという要因は，自己を対象としたメタレベルでの推論に関係している．そのような視点でまとめれば，上記の(2)，(3)，(5)の要因はすべて心の理論に関係しているということができる．では，(4)と(6)の身体表現性は共感の形成において，どのように関与しているのであろうか．

4-5 共感と内受容感覚

これまでに実施された共感に関する脳機能画像研究を振り返ると，まず最初に気づく点は「痛みの共感」の研究が多いという事実である．他者の微細な感情状態と比べると，痛みのような鋭い感覚を伴う嫌悪的な感情は，共感を引き出しやすいという背景があることが，その理由であろう．脳機能画像研究が盛んになり，さまざまな脳部位の機能がより詳細に明らかにされる以前から，痛みの中枢に関する研究は既に数多く行われており，帯状回前部(anterior cingulate cortex, ACC)および島皮質前部(anterior insula cortex, AI)が痛覚に関与していることが明らかにされていた(図1参照)．そのため，帯状回前部(ACC)と島皮質前部(AI)を合わせて，「ペインマトリックス」と呼ばれていた[54]．

当初，島皮質が関与するのは，本人が痛みを感じているときのみだと考えられていたが，その後のさまざまな角度からの研究によって，島皮質は慢性疼痛のような痛みだけでなく，温感覚，冷感覚，痒み，呼吸が荒くなるような運動時にも活動することが明らかにされた[55][56]．それどころか，本人が痛みを感じていない状態でも，親密な関係にある他者が痛みを感じている場面を見ると，島皮質が活動することが明らかにされ，多くの研究者の注目を集めた[57]．その後の数多くの研究でも，こうした痛みの共感が形成される際には，帯状回前部と島皮質前部がカップリングして活動することが示されている．近年では，この2つの部位は，身体の恒常状態であるホメオスタシスを乱し，内臓を含む身体に大きな変化が生じた場合に活動するとの見方

が一般的である．身体における顕著な状態の認識に関わるという意味から，この2つの部位は「セイリエンスネットワーク」と呼ばれている．

「セイリエンスネットワーク」のうち，帯状回前部（ACC）に関しては，これまでの研究から，心的ストレスがかかるような課題に従事させると活動する傾向が認められており，その機能がある程度予測できていた．しかし，島皮質に関しては，その機能の理解が大きく変わり，現在では，内臓を含む身体内部の状態をモニターし，異変が生じたときに意識化させる機能を持つものと想定されている．この身体内部の感覚は「内受容感覚(interoception)」と呼ばれており，身体における異変を脳に伝え，それに対処する上で重要な感覚であると考えられている[58]．

筆者らの脳機能画像研究では，参加者に対して，現在の感情状態を尋ねる課題（「今，悲しいですか」など）と，身体状態を尋ねる課題（「今，心拍が速いですか」など）を実施し，それぞれの状態を判断しているときの脳活動について調べた．その結果，感情状態と身体状態の両方の課題で共通して活動が見られる部位が，まさしく島皮質前部であった[59][60]．このことは，主観的な感情状態を認識する際には，そのときの身体状態の認識が含まれることを意味する．

この事実は，主観的感覚としての共感について考える際にも，大きなヒントになる．本章では，冒頭部分から感情を理解する際に，身体状態の認識が重要な役割を担うということを繰り返し述べ，共感には身体をベースとしたボトムアップに喚起される種類のものがあることを示してきた．感情状態と身体状態の認識に共通する脳内メカニズムが関与するという事実は，感情的な共感がまさに身体ベースで起こっている可能性を示唆するものである．内受容感覚のような身体ベースの感覚は，無意識下で処理されることが多く，言語化が困難である．そのため，直感的な感覚として意識される傾向が強くなる．共感が得られたという認識を直感的に持つと感じることができるとすれば，その背後には，身体内部の変化を脳が検出していると考えることができるのである[*1]．

4-6 アレキシサイミアにおける共感の障害

　共感の障害について考える際には，身体から脳への求心性経路が重要な鍵となる．上述の自閉症においては，「心の理論」の機能に低下が見られるために，結果としては共感が示されにくい．その背後にある脳機能に着目し，fMRIなどを用いて調べた研究は数多く，実際には用いている課題もさまざまである．そこで，それらのさまざまな結果をすべて考慮して，総合的にどのような結果が得られるかを調べるために，メタ分析を実施した研究がある[61]．そこでは，自閉症において，前頭前野内側部(MPFC)と帯状回前部近傍(ApCC)に加え，島皮質前部(AI)の活動低下が認められている．これはおそらく，前述の通り「心の理論」のパフォーマンスの背後に，感情反応を引き起こすトリガーになる身体反応の低下が認められる可能性が考えられる．

　それならば，身体反応は起こっていてもそれが脳に正しく伝えられない場合や，身体反応を引き起こすための脳活動がそもそも起こりにくい場合も，同様に，結果としては共感が形成されにくいものと考えられる．これらはそれぞれ別の症状として認識されており，前者はアレキシサイミア傾向，後者はサイコパス人格傾向と深い結びつきがあることが指摘されている．

　前者のアレキシサイミア(alexithymia)は，心身症と深い関係のあるパーソナリティ傾向であり，シフネオス(Peter E. Sifneos)によって提案された概念である．アレキシサイミア傾向で呈される特徴としては，主観的な感情状態を述べることが困難な点にあり，それと関連して，想像性に乏しかったり，コミュニケーションが機械的であり，共感に欠けるなどの特徴も挙げられる[62]．このようなアレキシサイミアの傾向を示す背景にある脳神経基盤を調べた研究もあり，全般的にセイリエンスネットワークやメンタライジングネットワークの一部に，健常とは異なる脳活動が認められている[63]．アレキシサイミア傾向が心身症と関連が深いことの理由は，アレキシサイミアでは，身体反応が起こっていないわけではなく，それを検出する機能の低下があるために，その変化に気づきにくいという特徴を持っていることにある．そのため，身体の変化をストレスとして認識することもできず，疲れの主観的感覚も得られにくいために，身体の障害や衰弱を引き起こしやすい．この

ように，身体反応が生起していても，それが脳において適切に感知されないと，主観的な感情経験が起こらず，結果として共感も形成されにくいのである．

4-7 サイコパスにおける共感の障害

もう1つの共感の障害のタイプは，身体反応を引き起こすための脳活動がそもそも起こりにくい場合である．このような状態を理解するためには，前頭葉眼窩部(orbitofrontal cortex, OFC)の機能に着目する必要がある．今から160年以上前，フィニアス・ゲージという有名な患者に関する一連の研究がハーロー博士(John Martyn Harlow)によって報告された[64]．ゲージは，仕事中のミスで充填した鉄が彼の頭蓋骨を貫通し，主に前頭葉眼窩部に損傷を負った．その事故により，ゲージは言語や記憶には顕著な障害を示さなかった一方，無礼で信頼ができず，社会的スキルが欠けた人物に変わってしまったのである．この報告をきっかけに，前頭葉眼窩部は社会性やパーソナリティに深い関係のある部位だと考えられるようになった．

この点についてより深く科学的な探究をしたのが，ダマシオ(Antonio R. Damasio)である．ダマシオらは，ギャンブリング課題を用いて前頭葉眼窩部の損傷の影響を明らかにしようとした[65][66][67]．この課題では，4つのカードの山を用意し，参加者に好きな山から1枚ずつカードを取らせる．その直後に実験者はそれに応じた報酬金を参加者に払ったり，逆に罰金を取ったりする．参加者には，最終的になるべく多くのお金を儲けることだけを伝える．実際，4つの山のうち2つの山は，報酬金は多いが，同時に罰金も多いため，最終的には儲からない山(危険な山)であった．一方，残りの2つの山は，報酬金は少ないが，同時に罰金も少ないため，最終的には儲かる山(安全な山)になっていた．その結果，健常者の場合，最初は危険な山からカードを取るが，徐々に儲からないことに気づき，安全な山に移るのが典型的な反応である．ところが，前頭葉眼窩部に損傷を持つ症例は，危険な山からカードを取り続けるという反応傾向を示したのである．

さらに核心的なのは，ギャンブリング課題遂行中の精神性発汗の程度を測定した結果であり，危険な山からカードを取る前の時点で見られる発汗の量

が，眼窩部損傷例では健常者よりも少ないという事実であった．この結果を受けて，ダマシオは広く知られている「ソマティックマーカー仮説」を提案したのである．すなわち，すぐに確実な解答を出せないようなリスクが伴う問題解決場面において，我々は過去の経験から学んだ知識をもとにしながら，自らが現在置かれた状況において，どのような問題解決が最適であるかを考える．その際，身体における反応が無意識的に役立てられているという考え方が，「ソマティックマーカー仮説」の骨子である．眼窩部損傷例の場合，問題解決に関する知識が失われているわけではないが，リスクを感じることによって通常生じる身体反応が起きないために，不適切な問題解決を導いてしまう可能性が高くなるのである．

ゲージに代表されるような前頭葉眼窩部(OFC)の損傷例では，先に述べた「心の理論」の障害が顕著でないため，他者の感情状態の認識そのものには目立った問題は起きない[68]．また，言語や記憶などの基本的な認知機能についても，特に障害は示されない．しかし，感情の変化に伴って生じる身体反応が生じないという症状があることで，結果として，共感が薄れ，他者とのコミュニケーションに支障が生じ，さらに借金，放浪，問題飲酒といった社会的行動異常が示される場合も多いのである．

脳と身体の間の信号の伝達は，一方向ではなく，双方向に情報のやりとりがなされており，前頭葉眼窩部(OFC)はそのインターフェースのような役割を担っていると考えられている．そのために，前頭葉眼窩部の損傷例では，身体反応が乏しくなり，共感的なパフォーマンスが極端に欠けているサイコパスと呼ばれるパーソナリティ傾向を示す可能性が高いのである．サイコパスのパーソナリティ傾向がきわめて強い場合には，犯罪行為につながる恐れもある．詐欺のような犯罪では，自らが行動的な共感を示すことで，相手の感情的な共感を引き出すような手口を使い，認知症の高齢者を騙すような事例まで報告されている[17]．脳と身体が紡ぎ出す共感のシステムは，社会の安定にも大きく関わっているのである．社会という幅広い視点に及ぼす共感の影響については，本巻の第4章や第7章でも詳しく触れる．

5 本巻の構成

　本巻の以下の章では，本章で取り上げた内容について，より専門的な知見から深く検討し，共感の全体像を把握できるように構成されている．

　続く第2章「共感の発達——いかにして育まれるか」では，共感反応がいつ頃からどのように見られるか，それがどのように向社会的行動の萌芽に結びつくかに焦点を当てる．そして，遺伝と環境という共感の発生因について考える．

　第3章「共感の進化」では，人間以外の動物行動に目を向け，共感の進化について詳しく触れる．動物の援助行動・利他行動や脳活動から，共感と捉えられる行動をどのように見出し，その背後にはどのような段階的な進化が考えられるのかについて解説する．

　第4章「社会的文脈から共感を考える」では，共感をより広い視点から取り上げ，社会のなかで共感がどのように起こっているか，また起こっていないか，共感のギャップ，メディアのなかで見られる共感などに注目しつつ，現代社会の諸側面から多角的に共感の本質に迫る．

　第5章「共感と自閉スペクトラム症」では，発達障害である自閉症に焦点を当て，認知的共感・情動的共感という視点から，自閉症スペクトラム障害における共感の機能低下について，さまざまな側面から捉える．特に，自閉症における共感の自発性の低下については，共感の本質を理解する上で，多くの視点を提供するものである．

　第6章「共感の病理」では，統合失調症やサイコパスを含むさまざまな精神疾患に見られる症状から，共感を多次元的に焦点化し，精神病理的な側面から共感について深く検討する．

　第7章「共感と向社会的行動——集団間紛争の問題を通して考える」では，より日常的な観点から，共感を向社会的行動という視点から掘り下げる．社会において見られる共感について，集団間の紛争という広い視点から取り上げ，社会における共感について詳しく考察する．

これらの章全体を通して，共感をその脳機能，進化，発達，病理，社会という観点から幅広く捉え，多面的・統合的な理解を目指す．

＊1 共感における身体性については，筆者が編集した2014年発行の「心理学評論」57巻1号 特集号『感情と身体』を参照されたい．

第 2 章

共感の発達
いかにして育まれるか

　共感は，人が生まれてから死ぬまで，人間の社会的相互交渉においてきわめて重要な役割を果たす．共感の発達的起源はどこにあるのだろうか．また，それは，どのように発達していくのだろうか．発達を促す要因はどのようなものであろうか．本章では，共感の発達の様相とそれを推進する機序について論じる．

1 共感とは何か

　共感とは何だろうか．まずは，共感(empathy)の定義を試みるが，それはそれほど簡単なことではないようである．すなわち，共感の概念はきわめて複雑で曖昧なのである．『広辞苑』(第6版)によると，共感とは「他人の体験する感情や心的状態，あるいは人の主張などを，自分も全く同じように感じたり理解したりすること」とある[1]．共感は，他者の情緒的な状態に対して，配慮を持った反応をしたり，理解したり，また共有したりすることを可能にする自然な能力であり，誕生から死に至るまで，私たちの社会的なインタラクションにおいてきわめて重要な役割を果たす．共感は，向社会的行動を動機づけたり，攻撃を抑制したり，また，道徳の発達の情緒的かつ動機的

な基礎を与えるものだと考えられている．

　人は，たとえ幼い子どもであっても，他者に利益をもたらすようなやり方で向社会的に行動する．早い時期から，子どもは，他者を助けたり，慰めたり，限られた資源を分配したりする[2][3]．心理学者は，このような向社会的行動を支えるメカニズムや動機づけを解明しようと試みてきた．ヴァイシュ(Amrisha Vaish)とワーネケン(Felix Warneken)は，以下の理由から，この問題を検討することは，向社会的行動の本質を探ることに大きく貢献すると考えている[4].

(1) 人は，さまざまな理由で向社会的なふるまいをする．たとえば，他者からの賞賛を受ける，報酬を得る，または他者の苦境を目撃したときのストレスから自らを解放する，といったことである．つまり，向社会的行動は他者の福利をもたらすものとして一括りにできるものではなく，実はきわめて多様な動機がこの行動の背後にあるのかもしれない．

(2) 子どもの向社会的行動の発達を理解するためには，どのような心理的なメカニズムが異なる向社会的行動に必要なのかということを明らかにすることが，重要になると考えられる．特に，子どもが向社会的にふるまうために，どのような情緒的，認知的，かつ動機的な能力が獲得されなければならないかという疑問が呈示される．

　共感と同情(sympathy)は，よく混同されて使用される．研究者は，いろいろなやりかたで，それぞれの定義を試みている．ここでは，ヴァイシュとワーネケンにならって，アイゼンバーグ(Nancy Eisenberg)らの定義を紹介する[4][5][6]．共感は，他者の情動的な状態を理解することやそれに対する気遣いから発生する感情的な反応であり，それは他者が感じているもしくは予期される感情に類似しているものである．一方，同情は，やはり他者の情動的な状態の理解やそれに対する気遣いから発生する感情であるが，それは当該の他者と同じものである必要はない[7][8]．共感と同情は，援助行動や攻撃といったような反社会的行動を生じさせないという向社会的行動へとつながるものでもある．

　以下では，共感の背後にあるプロセスと関連する理論，すなわち理論説と

シミュレーション説を概観し，共感の構成要素について論じることにする．理論説とシミュレーション説は，心の理論成立のメカニズムとして考えられている説である．

1-1 共感的プロセスを支えるもの

哲学者や心理学の理論家は，長い間，言語に依存することなく，人がお互いに理解し合う能力を説明するための枠組みを模索してきた．これまでのところ，共感のプロセスとその発達を説明するために，2つの主要な理論が提唱されている[9]．

理論説 この説によると，子どもは，他者に当てはまるような一般的な規則や知識，また社会的な原因や影響を左右する規則などについて，自分の経験を通して学ぶ．そしてそうした知識に基づいて他者理解を行うのである．それは，暗黙的な科学的理論と似ている[10]が，単一の理論ではなく，理論のセットごとに常に発展し続け，変化するものである．たとえば，自身の経験から，また他者を観察することから，人は転んでけがをしたときには，泣いてしまうということを学ぶ．そして，行動の文脈(この場合は転ぶこと)を，行動の意味(この場合は泣くこと)を推論する際に使用するのである．2歳までに，共同注意や他者とのインタラクションの調整能力からわかるように，乳児は他者の心的状態に対する感受性を発達させている．この年齢の乳児は，他者の基本的な欲求を理解している[11]．子どもは，成長とともに，他者の心的状態の帰属や表象が次第に複雑になるということである．

シミュレーション説 シミュレーション説は，他者の感情や信念や欲求を，自分自身を他者の立場に置くことにより理解するというものである．重要なことは，このプロセスは意識的である必要はないということである．むしろ，それは，他者の行動を予測したり理解したりするために用いられるメカニズムなのである．この説は，シミュレーションのメカニズムは生得的であり発達を通して洗練されると主張する．

以上，2つの理論を概観したが，これらは共感の背後にあるものと考えられており，さらに詳細な検討が期待される．

1-2 共感を構成するもの

　共感とは何か，また，それはどのように出現するのかを説明するために複数の理論が存在することを考えると，共感とは，単一の概念ではなく複合的な概念であることがわかる．共感の発達を知るために，この概念をさらに明確にすることが重要となる．共感は，自他の区別を維持しながら，次の2つの要素を含むものであると考えられる．1つは，認知的な要素であり，他者の感情や考えていることを知るといったことである．もう1つは，情緒的な要素，すなわち，他者と感情を共有するといったようなことである[12][13]．たとえば，痛みのふりに対する子どもの反応で，共感の認知的側面は，仮説検証的な行動の出現により認められる．そこでは，子どもは積極的に他者の問題を理解しようとする．一方，共感の情緒的側面，共感的関心（empathic concern）は犠牲者に対する情動的な表出の出現の中で観察される[13]．

　他者との自動的な情動的共鳴と他者の情動の理解を区別したのは，アダム・スミス（Adam Smith）が最初である（[14]からの引用）．この見解は，後の発達心理学[15][13]や神経科学[16][17]によって支持されてきた．脳の上側頭皮質といったような部位はすべての共感的プロセスに関係しているのに対して，他の部分は特殊な構成要素に対して単一的に関係している[18][17]．たとえば，共感の認知的および情緒的側面は，統合失調症，自閉症スペクトラム症候群，脳のある部位がダメージを受けた人などで，異なって損なわれる．こうしたことから，共感の構成要素については，共通部分もあるが，さらに，脳の解剖学および機能，行動，そして発達を通して，異なる部位や機能に関しても検討することが可能である．

　他の重要な問題は，他者の情緒的状態に対する反応は他者の反応と自己の反応の区別を含むかどうかということに関連するものである．誕生後，数時間経つと，乳児は他の乳児の泣き声に反応して自分も泣きだす[19]．乳児における「泣きの伝染」という有名な現象である．情緒の共有あるいは感情の共鳴の最も基本的な側面は，極めて早い時期に現れる．プレストン（Aureli F. Preston）とドゥ・ヴァール（Frans de Waal）は，発達的な共感のデフォルトは，他者の感情に対する自動的な反応を含み，それは後の調整メカニズム

や知識の発達を通じて適切になっていくことを示唆している[20]．共感は，感情的共鳴の構成要素を持つということが神経科学の領域から示唆されている[21]．他者の苦境を目撃したときに生じる脳活動は，自身の痛みを感じたときに活動する部位と重なっていることが報告されている[22]．他者と自己の経験の重なりは，ミラーニューロンシステムを使用している可能性が示唆される．

以上，共感の構成要素として，認知的および情緒的コンポーネント，自動的に立ち上がり共感すべてに共通であるものと特異的に関係するもの，さらには，他者への自動的な反応と，自己と他者の区別に基づいたもの等々，さまざまな構成要素が想定されているのである．

2 子どもの共感の発達経路

2-1 共感の発達の流れ

まず，共感の発達の大枠を述べていく．ルイス(Michael Lewis)は，共感を，他者の感情，多くはディストレス(苦悩や苦痛：以下ディストレスとする)であるが，それに対する情動的反応であるとして，乳児期の共感的反応の発達を，ホフマン(Martin Hoffman)の説に基づき，以下のように記述している[23]．ディストレスに対する最も早い共感的反応の前駆体は，新生児が他者の泣き声を聞いて自分も泣くという行動と考えられている[24][25]．ホフマンは，この反応を，"原初的共感反応(rudimentary empathic responding)"と呼んだ．生後1年目の終わりに，乳児の共感的反応は次の段階に移行するようになる．ホフマンが，"自己中心的共感ディストレス(egocentric empathic distress)"と呼んだものである．この時期までに，乳児は，自他の区別の感覚を発達させ始める．その結果として，他者のディストレスに対して，自分自身が慰めを求めたりする．他者のディストレスには泣くという反応を見せるが，自分から他者を助けようとする行動はまだ見られない．生後2年目に入ると，他者に直接的に働きかけるようになる．ディストレスの状態にある人を慰めようとしたり，元気づけようとしたりする．13〜14

カ月児は，ディストレス状態にある子どもに近づいて慰めたりする．さらに，18カ月齢になると，ディストレス状態にある人にただ近づくだけではなく，特別な援助をするようになる．たとえば，壊れたおもちゃを持っている子どもには新しいおもちゃをあげたり，怪我をした人には，ばんそうこうを与えようとしたりするのである．ホフマンは，これを，"擬似自己中心的共感ディストレス(quasi-egocentric empathic distress)"と名づけた．なぜならば，この月齢の子どもたちは，未だ自分の感情と他者の感情の区別が明確になっていないと考えられるからである．生後2年目の後半，他者の感情や視点が自分のものとは異なるものであることが理解可能となる．この時期は，"真の共感的ディストレス(true empathic distress)"と呼ばれるが，子どもは自己中心的ではなく，適切なやり方でディストレス状態の他者に反応するようになる．年少児は，母親のディストレス[26]や他の子どものディストレスへの反応を発達的に増加させていくことがわかっている[27]．また，年少児は，実際にディストレス下にある他者の存在がないと共感を経験しないが，成長に伴って，物語の中の他者のディストレスにも反応するようになる．子ども期の終わりになると，より一般的な状況でも共感的な反応が見られるようになる．たとえば，ハンディキャップのある人や裕福ではない人に対して，共感行動が認められるのである．

以上，共感の発達を大きな流れの中で捉えた，ホフマンの説を紹介した．しかしながら，実験的手法によって，確証された研究はほとんど見当たらない．次項では，1~2歳児の共感発達に関する松澤らの研究[28]を紹介する．

2-2　1~2歳児の共感の発達——心拍を指標として

松澤らは，1~2歳児を対象にして，他者の苦痛を目撃した時の共感行動を組織的に観察し，心拍数を指標とした生理的反応を計測し，その関連性を検討した[28]．手続きは，以下の通りであった．実験は，2段階に分かれており，(1)まず，安静時の心拍の計測を行い，(2)続いて，バッジテストとその際の心拍の記録を行った．

(1)では，絵本を見たり，おもちゃで静かに遊んだりする「安静時間」を10分ほど設け，その間の参加児の心拍を計測した．ここでは，プローブ(測

定器具)に十分慣れてもらうことに留意した．(2)のバッジテストは，母親が参加児の胸にバッジをつけるときに，ピンで指を怪我した演技を見せるものであった．この演技は，30〜40秒持続された．実験者は，母親の演技に際して，以下の4つの教示を行った．①大げさに苦痛を表す表情を示し，参加児からその表情がよく見えるように位置取りをすること，②指を押さえて，「痛い，痛い」との発言を継続すること，③参加児に指を見せたり，針で指を突いたなどといった直接的な説明をしたりしないこと，④参加児の反応がなくても，実験者の合図があるまでは演技を続けること，であった．その間，ビデオカメラによる行動の記録と心拍の計測を実施した．

行動評定 参加児の行動の評定は，ザン＝ワクスラー(Carolyn Zahn-Waxler)らの分類に基づいて作成した基準を用い，テスト開始後30秒間の行動に対して行われ，得点化がなされた．バッジテストの評定基準を表1に

表1 バッジテストの評価基準．

タイプ	カテゴリー	下位項目
自己指向	(1)甘え	自分のことであるかのように泣いたり，母親に泣き声で何か訴える．
		母親の手は見ようとせずに，母親に抱きついたり，頭をくっつけて甘える．
	(2)笑う	母親を見て笑う．
	(3)自己中心	母親から無理やりバッジを取ったり，取ろうとしたりする．
		表情は変えずに，バッジやおもちゃで遊んだり，母親に見せたりしようとする．
他者指向	(4)慰め	母親を慰めるように，手・肩・頭などに触って手を見る．
		母親に大丈夫かたずねたり，慰めの言葉を言う．
		言葉にはなっていないが，「大丈夫か」というふうに慰めようとする．
		母親を慰めようとして何かを与える．
	(5)援助	薬を持ってきたり「痛いの飛んでけ」をする実験者に母親のことを訴える．
		心配そうに母親を見ながら，困り顔で何度も実験者を見る．
	(6)同情	心配した顔つきで，母親の手や顔をじっと見る．
		心配した顔つきで，母親に近づく．
		心配した顔つきで母親を見ながらおもちゃやバッジをいじったり見せたりする．
	(7)確かめ	バッジと母親を交互に見て，母親の痛みの原因を理解しようとする．
	(8)真似	自分自身の手に触ったり，意識して見たりする．
		母親のイタイイタイを真似する．

示した.この基準では,自己指向的共感行動と他者指向的共感行動の2つに大きく分類される.自己指向的共感行動とは,自己に生じた苦痛を軽減しようとする共感行動のことであり,他者指向的共感行動とは,他者の苦痛を軽減しようとする共感行動のことである[29].

心拍の評定 安静時間を設定し,心拍を計測したが,そのうちの最も安定していた30秒間の心拍をベースラインとして,バッジテスト開始から30秒間の心拍と比較した.心拍反応は2つのタイプに分類された.1つは,増大反応で,心拍数がベースラインよりも有意に高くなった反応,もう1つは,ベースラインと変化がなかった反応である.図1に典型例を示した.

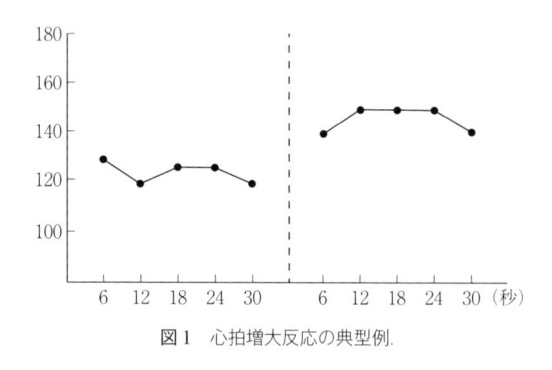

図1 心拍増大反応の典型例.

バッジテストに見られた行動評定結果を表2に示した.1歳児と2歳児で発達的な差異が認められた.1歳児では,「甘え」が見られたが,2歳児ではその限りではなかった.逆に,2歳児では,「慰め」や「真似」が見られたが,「甘え」は見られなかった.自己指向タイプと他者指向タイプによる分類では,1歳児群では,自己指向的共感行動が多く,2歳児では他者指向的

表2 バッジテストの共感行動評定結果.

	N	甘え	笑う	自己中心	慰め	援助	同情	確かめ	真似
1歳児群	12	2	2	5	0	1	1	1	0
2歳児群	13	0	0	4	4	2	1	1	1

共感行動が多く見られた(表2参照).

一方,心拍反応では,ベースラインとの比較で変動が見られたのは1歳児,2歳児ともにおよそ半数であり,2群に差はなかった.しかしながら,年齢と共感行動のタイプ(自己指向的共感および他者指向的共感)とに関連が認められた.結果を表3に示した.1歳児群では,自己指向的共感行動を示した者に心拍の増大反応が多く見られ,他者指向的共感行動を示した者には,心拍数の増加が見られなかった.これに対して,2歳児では,行動タイプと心拍の間には関連が見られなかった.

表3 バッジテストの共感行動タイプと心拍反応.

バッジテスト	1歳児群 心拍反応 N 増大 一定	2歳児群 心拍反応 N 増大 一定
自己指向	9 7 2	4 2 2
他者指向	3 0 3	9 4 5
フィッシャーの直接確率検定	$p<0.05$	n.s.(有意でない)

本研究から,1歳から2歳にかけて,自己指向的共感行動から他者指向的共感行動へと移行していく可能性が示唆された.ホフマンは,この時期の自他の分化が共感行動の発達を支えるものと考えた.他者の苦しみを観察しているにもかかわらず,自己の苦しみを軽減しようとするような自己指向的共感行動は,自他の未分化な年少児に見られるらしい[30][13].本研究では,その際に,心拍といったような生理的な反応が生じる可能性が示されたわけである.しかしながら,1歳児であっても,援助や慰めなど,他者指向的共感行動を示した者には,そうした生理的反応は認められなかった.自己指向的共感行動から他者指向的共感行動への変化は,他者と同期するように生起していた苦痛の感情を,相手への心配といった同情の感情へと転換させていく感情機能の作用を介するものだと考えることができる[28].

3 向社会的行動の萌芽

では，こうした共感的・同情的な向社会的行動はいつごろから始まるのだろうか．すなわち，同情・共感の個体発生的起源は，いつからなのであろうか．そのパイオニアとなった研究は，ハムリン（J. Kiley Hamlin）らの研究である[31]．ハムリンらは，6カ月児と10カ月児を対象に，刺激となる物体の相互作用から，善悪を判断し，それらの物体に対して，社会的評価を行うことを報告した．彼らの実験では，良い行い（他者を助ける）をする図形と，悪い行い（他者の行為を邪魔する）をする図形がアニメーションによって提示され，その後，それらの図形の実物を選択させた．その結果，6カ月児，10カ月児ともに，良い行いをするエージェントの物体を選択した．発達初期の早い段階でも，乳児は，事の善悪を判断していることが示されたのである．

さらに，ハムリンらは，先述した刺激と同様の刺激を用い，より幼い3カ月児が，他者の行為を妨害する幾何学図形を回避する反応が見られることを報告した．3カ月児においても，社会的評価行動が認められたのである[32]．

また，最新の研究では，より複雑な状況で，他者に対する社会的評価を8カ月児が示すことを報告している[33]．援助する，邪魔するといったような行為の背後にある「意図」（故意にその行為を行おうとしていたか）を考慮して，他者の行為の善悪を判断することを発見したのである．また，同じ月齢の8カ月児は，二次的な社会評価とでもいうべき判断を行うこともわかった[34]．実験の中では，ある人形が，援助行動のような向社会的行動を示す，また別の人形は妨害行動のような反社会的行動を示す場面を見せ，さらに，そうした人形に対して，ポジティブもしくはネガティブにふるまう人形に対して，乳児がどのような社会的評価をするかを調べた．すなわち，向社会的な行動を示した人形に対してポジティブな行動（たとえば，報酬を与えるなど）を示す人形と，反社会的な行動を示す人形に対してネガティブな行動（たとえば，罰を与えるなど）を示す人形に対する選好を示したのである．鹿子木（かなこぎ）は，この結果に対して，乳児は単に他者に対してポジティブに対処した人

形に対して良い評価を与えるわけではなく，援助される者自体が良いか悪いかをもとに，人形の行為を評価していることの重要性を指摘している[35]．

こうした一連の研究から，乳児は前言語期の時点ですでに洗練された道徳性の判断基準を機能させる存在であることがうかがえる．換言すれば，ヒトは発達の極めて早い時期から，原初的な形で，他者に対する善行・悪行を理解し判断することができるというわけである[35]．

4 同情的・共感的行動の萌芽

次に，同情や共感行動に限定した場合の個体発生的起源について，鹿子木らのオリジナルの研究を紹介しつつ論じることにする．鹿子木らは，幾何学図形のアニメーション刺激を10カ月児に見せ，同情的萌芽がすでに認められる可能性を示した[36]．

実験は2つからなっていた．実験1では，10カ月児を対象に，2つの物体が相互作用するアニメーション刺激を呈示した．刺激は，球体と立方体が，コンピュータのスクリーン上を動き回るアニメーションであったが，それらが攻撃的相互作用をするもの(図2(a)参照)と相互作用なしのもの(図2(b)参照)，の2つが用意された．

攻撃的相互作用の条件では，たとえば，球体が立方体を追跡し，衝突する映像が呈示された．また，相互作用なしの条件では，2つの図形が接触なしに，独立に動いて見える映像を呈示し，これを統制条件の刺激とした．2つの図形の役割は参加者間でカウンターバランスされた．その後，テストでは，アニメーションの幾何学図形に対応した2つの実物模型が呈示され，参加児はどちらかを選択することが求められた．

結果を図3に示した．攻撃的相互作用条件の参加児は，有意に被攻撃側の物体を選択したが，相互作用なし条件の参加児は，その限りではなかった．この結果は，10カ月児が，先行呈示された刺激における2つの物体の相互作用に基づいて，それぞれに異なる印象を形成し，被攻撃側の物体を選好したことを示すものである．刺激の運動の速度，運動量，変化量は2つの条件

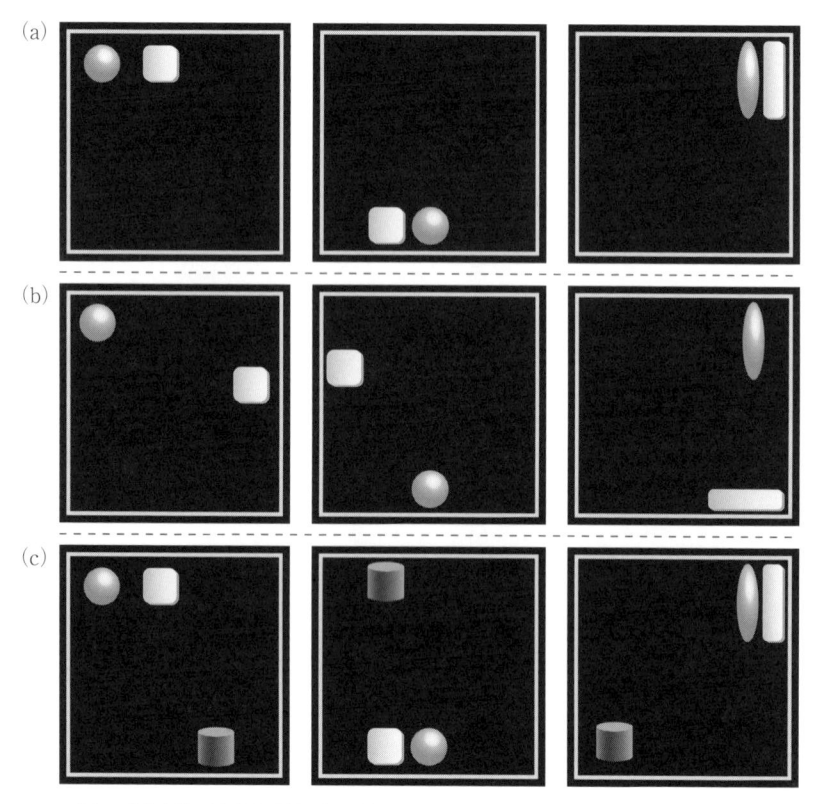

図2 (a)攻撃・被攻撃関係にある刺激, (b)攻撃・被攻撃関係にない刺激, (c)攻撃・被攻撃関係にある刺激に中立刺激を加えた刺激.

とそれぞれの物体で一定に統制されていたことから，このように解釈することは合理的であると思われる．参加児のこうした選好は，条件間の異なる相互作用によるものである．

　実験1では，参加児が，単に攻撃側の物体を避けて，被攻撃側の物体を選択した可能性が残る．そこで，実験2では，実験1の条件に加えて，新しい幾何学図形(中立刺激)を加えた(図2(c)参照)．この新しい図形は，他の図形とはまったく独立に動き，中立の立場を示すものである．物体選択テストでは，中立刺激と被攻撃側の刺激の組み合わせが呈示される中立／被攻撃側条件と，中立刺激と攻撃側の刺激の組み合わせが呈示される中立／攻撃側条

4 同情的・共感的行動の萌芽

件が設定された．手続きは，実験1と同様，10カ月児に先行刺激を呈示し，先述した組み合わせの条件で，物体選択テストを実施した．

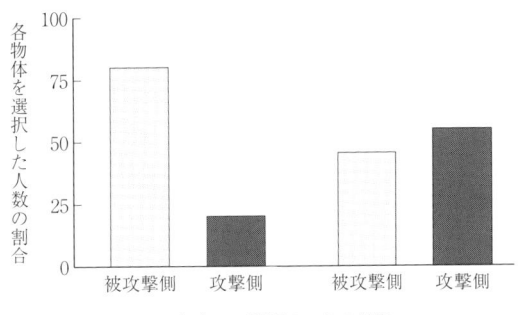

図3 実験1の選択テストの結果．

結果を図4に示した．乳児の物体選択課題での中立刺激に対する反応は，中立刺激が攻撃する物体と対呈示されるか，もしくは攻撃される物体と対呈示されるかで異なった．中立／被攻撃側条件，すなわち，中立刺激と被攻撃側の刺激が組み合わされた条件では，被攻撃側の物体を選択する乳児が有意に多かった．また，対照的に，中立刺激と攻撃側の刺激が組み合わされた中立／攻撃側条件では，中立刺激を選択する乳児が有意に多かった．つまり，乳児のこうした反応は，積極的に被攻撃側の物体に接近し，そして攻撃側の刺激を回避することを示すものである．

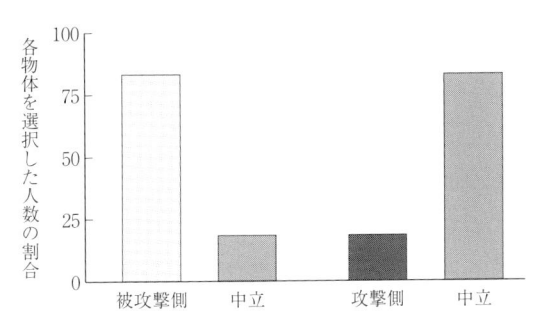

図4 実験2の選択テストの結果．

以上のような，一連の研究から，前言語期の10カ月児において，すでに同情的行動の萌芽が認められることがわかった．鹿子木は，これらの結果を，以下の3点からきわめて重要なものであるとしている[37]．まず，(1)これらの結果は，新生児や乳児で観察された他者指向性を伴わない感情伝染によって説明されないということである．なぜならば，乳児は第三者の相互作用の場面で，それを目撃している者としての立場から被攻撃側の物体を選好したからである．すなわち，前言語期の乳児であっても，先行して呈示された物体の相互作用場面から，攻撃・被攻撃の刺激に対して社会的評価を行うだけでなく，弱者に対して原初的な同情的振る舞いを示す傾性のあることを示す．次に，(2)この研究の参加児は，先行刺激として呈示したアニメーション刺激を経験したことはなかった．にもかかわらず，乳児自身の日常とはかけ離れた事象が反映された抽象的な相互作用を示した幾何学図形に反応した．このような同情的行動は，感情伝染やそうした経験の共有というよりも，むしろ社会的認知能力に裏打ちされたものと考えられる．実際，2歳児の感情伝染を伴わない同情的態度を示す最近の報告と一致するという[38]．最後に，(3)大型類人のチンパンジーやボノボで報告されている同情的な慰め行動とあわせて考察すると，その進化的視点から，本実験でみられたような早期の乳児の同情的行動は，こうした傾向が生物学的に適応的である可能性を示唆するものである．

5　共感の発生が関係するもの

　それでは，共感的な行動の発生を支えるものは一体何であろうか．向社会的行動は，他者に利益をもたらすように意図的かつ自発的に行動することである[39]．しかしながら，この定義には，動機づけに関するものは何も含まれていない．実際，向社会的行為が生起する理由は多様である．たとえば，社会的な賞賛を期待する，具体的な報酬を望む，また，内在化されたモラルを厳守する，さらには自身の内部に湧き起こる同情や罪悪感に対する反応，といったことである．利他的行動は向社会的行動のサブタイプと見なされる．

向社会的な行為は，具体的な報酬や社会的な報酬を期待する，また罰を避けるというよりも，むしろ他者もしくは内在化された価値，目標，自己報酬により動機づけられたものとして定義される．本節では，共感行動の発生と関連のあるものとして，(1)利他性，特に援助行動と，(2)自己意識的感情の観点から検討する．

5-1 利他性──援助行動

トマセロ(Michael Tomasello)らは，一連の実験的研究により，乳児期の利他的行動，特に援助行動について詳しく調べた[40]．まず，次のような実験を行い，きわめて早い時期から，見知らぬ他者に対しても援助行動を示すことを報告している．実験では，乳児は，血縁関係のない成人が，解決できない問題に遭遇している場面を観察した．たとえば，落ちた洗濯ばさみを拾いたいが手が届かない，または，手がふさがっていて戸棚の扉を開けられない，といったような状況であった．その結果，対象となった14カ月～18カ月齢の乳児は，自発的に，落としたものを取ってあげたり，戸棚の扉を開けたりしたのである．あるテストでは，参加児24人中22人が少なくとも，即座に1回の援助行動を行ったという[41]．

この実験の統制条件としては，洗濯ばさみを偶発的に落とすのではなく，意図的に放り投げる，あるいは，手がふさがった状態で戸棚にぶつかるのではなく，何か他のことをしようとして戸棚にぶつかる，という場面であった．こうした場合には，乳児の援助行動は見られなかった．すなわち，乳児の援助行動は，彼らが単にそのような行動自体を好んでいたからではないということが示されたのである．援助を要するような場面は，多様であり，子どもにとって新奇であると思われる場面であっても，それに応じて子どもは柔軟な援助行動を見せた．このことが可能となるためには，他者の目標に気づくことが必要であり，さらに，その他者を援助しようとする動機づけを持つ必要がある．トマセロらは，こうした比較的単純な援助行動は，生まれながらにヒトに現れると考えているようである．その理由は，以下の5つだという．(1)生後14カ月～18カ月という発達の早い時期にこの行動が出現することである．この時期は，向社会的にふるまうことを親は期待するはずもなく，

またそうした訓練を行っているとも考えられない．(2)親からの報酬や親が促すことにより，子どもの援助行動が増えるという事実は得られていないことである．トマセロらは，実験的検討の中で，1歳児に援助行動を行うたびに報酬を与えたが，それが援助行動の出現を促進するような効果は見られなかった．むしろ，報酬によりその行動が減少したのである[42]．(3)チンパンジーを対象とした研究で，チンパンジーも同じ行動を行うという結果が得られたことである[43]．これは，ヒトの援助行動は，ヒト的な文化環境によって生み出されたものではないと考えられる．(4)大人が子どもの成長にあまり介入しない文化において，同様に同じ年齢で援助行動を行うということである．(5)幼い子どもによる援助行動には共感的な気遣いとも呼べるものが介在しているということである．ある大人が描いている絵を別の大人が奪って，意図的に破り捨てるという場面を見た子どもは，被害者に視線を移し，気遣いの表情を示した．さらに，統制条件の大人に対してよりも，被害者の大人に対してより多く援助行動を示したのである[38]．

以上，発達初期に見られること，促しや報酬は必要ではないこと，チンパンジーにも見られるような進化的起源を持っていそうなこと，文化を超えた頑健な現象であること，そして同情心を自然に抱いてしまうことの5つの理由から，トマセロらは，「子どもが示す発達初期の援助行動は，文化や社会化するように親が訓練することで生み出される行動ではない([40] p.19)」と結論づけている．

5-2 自己意識的感情

共感が自他の弁別と大きく関連していることはよく調べられている．感情は，大別すると，非自己意識的感情と自己意識的感情の2つに分けることができる．非自己意識的感情は，喜び，悲しみ，恐れ，怒りなど，いわゆる基本感情と呼ばれるもので[44]，ヒト以外の動物にも見られると考えられている．これに対して，自己意識的感情は，当惑，誇り，罪悪感，そして恥などで，より高次の感情であるといわれる．

2歳を過ぎるころになると，乳児は，自己意識的感情を示すようになる[45]．なぜ，自己意識的感情と呼ばれるかであるが，それは，このような感

情が，われわれの自己感覚や，他者の自分への反応に関する意識と関連しているからである．ルイスは，自己意識的感情は，2歳になるまでには出現しないとしている[46]．なぜなら，そうした感情は，乳児が自分は他者とは異なる存在であると意識することに依拠しているからだとルイスは考える．そして，自己意識的感情と，自己鏡映像の認知との関連を指摘している．図5にルイスの感情発達の理論モデルを示した．

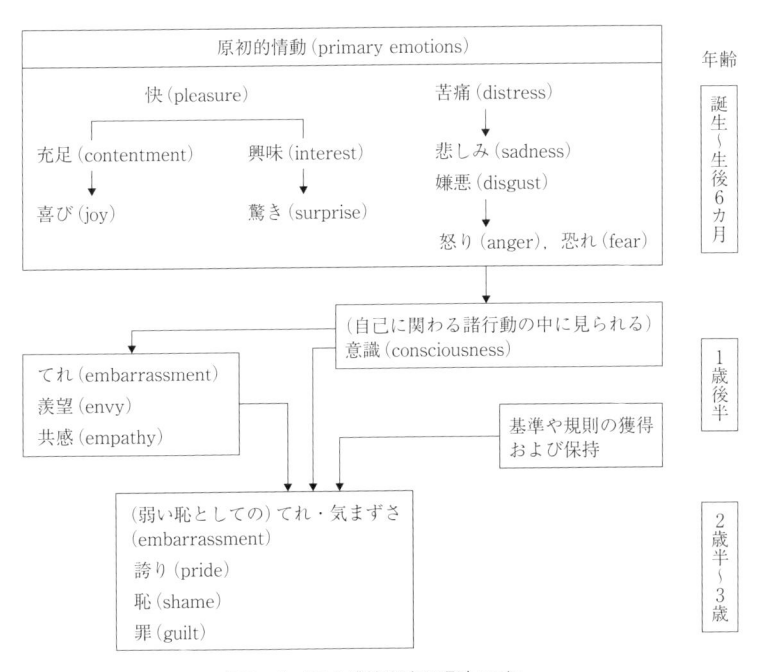

```
┌─────────────────────────────────────────────┐      ┌──┐
│        原初的情動 (primary emotions)         │      │年│
│                                             │      │齢│
│    快 (pleasure)      苦痛 (distress)       │      ├──┤
│     ┌─────┐            悲しみ (sadness)     │      │誕│
│  充足         興味     嫌悪 (disgust)       │      │生│
│ (contentment) (interest)                    │      │〜│
│     ↓           ↓      怒り (anger)，       │      │生│
│  喜び (joy) 驚き(surprise) 恐れ (fear)      │      │後│
│                                             │      │6 │
│                                             │      │カ│
│                                             │      │月│
└─────────────────────────────────────────────┘      └──┘
                        ↓
              (自己に関わる諸行動の中に見られる)     ┌──┐
              意識 (consciousness)                  │1 │
   ┌──────────────┐                                 │歳│
   │てれ(embarrassment)│  ┌──────────────┐          │後│
   │羨望(envy)         │  │基準や規則の獲得│         │半│
   │共感(empathy)      │  │および保持     │         └──┘
   └──────────────┘      └──────────────┘
          ↓                     ↓
   ┌─────────────────────────────────┐           ┌──┐
   │(弱い恥としての)てれ・気まずさ     │           │2 │
   │  (embarrassment)                │           │歳│
   │  誇り (pride)                   │           │半│
   │  恥 (shame)                     │           │〜│
   │  罪 (guilt)                     │           │3 │
   └─────────────────────────────────┘           │歳│
                                                 └──┘
```

図5 ルイスの感情発達の理論モデル.

ルイスによると，共感は，生後15カ月前後に，てれや羨望といった感情に伴って現れるとしている．15カ月齢から24カ月齢の間に，乳児は，皆に注目を浴びたときに当惑の感情を示すようになる．歌を歌うことを頼んだり，新しい洋服について言及したりすると，目を伏せたり，手で顔を覆ったりする．

誇りの最初のサインは，子どもが何かに挑戦して成功したとき，また何か

新しいことを達成したときに見られる．3歳までには，子どもの誇りは，うまくやれた程度と密接に結びつくようになる．また，困難な課題を達成したときほどより強く誇りを感じるようになるのである．

　罪悪感は，他者に対する共感と結びついており，良心の呵責と後悔の念を含む．子どもが罪悪感を体験するとき，子どもは自分の犯した間違いそれ自体に焦点を当てる．これに対して，恥は，他者との関係は想定されない．子どもが恥を感じるときは，してしまったことではなくて，自分自身に焦点が当てられるのである．

　いずれにしても，自己意識的感情は，2歳を過ぎないと出現しないとされるが，どのようなメカニズムが背後に存在するかについては，現在多くの研究が進められているところである．

6 遺伝と環境が共感に及ぼす影響

　さて，本節では，共感を少し違った視点から見てみることにする．これまでは，共感は，行動的な特徴を主な対象として討論されてきた．少なくとも，原初的な形態や誕生直後から機能するものとして，また，すべての定型発達の子どもに適用できると思われる，年齢に伴って現れる変化を記述してきた．しかしながら，子どもの共感の個人差について考えることはきわめて意味のあることである．先行研究では，子どもの共感反応の異なる要素や機能に関する測定は，お互いに正の相関があることが報告されている[15]．たとえば，共感の認知的側面と情緒的側面，またある子どもの実験室と家での行動，母親と見知らぬ女性に対する反応，そして14, 20, 24, および36カ月時点での反応といったものはすべて個人内での相関が見られるという．このような，安定性，一貫性のある個人差は広い意味での共感的性質の証拠だと考えられた．この性質は，向社会的な人格傾向の一部であるとも考えられる[39]．

　このような性質における個人差はどこからくるのだろうか．この問題は，典型的には，先天的か後天的かという次元にそって分けられてきた．つまり，共感は遺伝的影響と環境要因の影響と，どちらに強く依存するのかというこ

とである．もちろん現在は，遺伝と環境の両方が重要であり，ある部分では両方が，またある部分では，それぞれの重みづけが異なるという認識で合意されていることである．しかしながら，本節では，それぞれが共感に与える影響についてさらに見ていくことにする．

6-1 環境的要因

　環境的要因には，生物学的要因と社会的要因(対人的要因)の両方が含まれる．生物学的要因は，たとえば，妊娠期間中のホルモンレベルといったようなものである[47]．共感と結びつく社会的要因は，養育，教育，そして仲間やきょうだいの影響を含むものである．両親の行動は，社会的学習やモデリングを通して子どもの自己に取り込まれる[48]．親の養育スタイルや親の共感の傾向，コーピング方略の重要性や同情のレベルなどは，いずれも幼い子どもの，より高い共感レベルと結びついていることが示されている[49]．

　教育学的な研究は，学校教育における介入を通して子どもの社会的な行動に影響を与えることができるということを示してきた．ある介入は，向社会的行動を促進したり奨励したりすること，また反社会的行動を減少させたりすることが報告されている[50]．また別の研究では，社会的能力を向上させ，外在化された問題行動を減少させたことが報告された[51]．さらに，こうした社会的機能に正の効果があることに加えて，共感に特化した教育プログラムは，学力や自己肯定感の上昇という結果をもたらした[52]．共感に関する重要な環境的側面の1つに，仲間関係も含まれる．社会的な適応，受容，および機能は，他者に共感するという子どもの能力と強く結びついていることがわかっている[53]．そして，感情的知能は，自他の感情の理解の能力のことであり共感の概念と類似するものであるが，それも社会的なサポートをどれだけ受けたか，また，それにどの程度満足しているかということと正の相関が認められた[54]．また，十分な共感能力を持っていない思春期の若者は，社会的適応に問題があり，良好な仲間関係を持つことに困難を抱える場合のあることが報告されている．

6-2 遺伝の影響

では，遺伝的な影響は，共感とどのように関わるのだろうか．遺伝の影響は，2つの主要な方法で計測される．より直接的で簡単な方法は，共感とターゲットとなる DNA の配列における変容性の関係を扱うものである．これは非常に期待される方法ではあるが，このラインに沿った研究は比較的新しいものである．これに関して発表された研究は，今のところ2つしかない．1つは，バロン＝コーエン（Simon Baron-Cohen）のグループが，2つの参加者グループ，ポピュレーションサンプルと自閉症スペクトラム障害のケース・コントロール・サンプルにおいて，68個の候補遺伝子をテストしたものである．この研究では，19個の遺伝子が，自閉的傾向と共感の自己報告のスコアとわずかに結びついていることが示されただけである[55].

2つめの研究は，オキシトシン受容体の遺伝子コーディングに焦点を当てたもので，共感行動と有意な相関があることが報告されている[56].

より確立されたアプローチ法は，ある性質に関する遺伝的要因と環境的要因の影響を評価するために，遺伝的情報統制研究法（genetically informative design research）を用いるものである．共感に関する遺伝的研究は，一卵性双生児（monozygotic, MZ）と二卵性双生児（dizygotic, DZ）の比較によるものである．前者は，遺伝子配列を100% 共有しているが，後者は，50% の遺伝子配列を共有している．生物学的な家族の中で育つ，一卵性双生児と二卵性双生児は，環境は同じであるので，一卵性双生児のより大きな類似性は，遺伝性のものであると考えられる．また，遺伝的影響を超えた類似性は共有した環境に帰属される．この場合の双生児における違いは，共有していない環境もしくは計測の誤差である[57]．双生児デザインは，正確な遺伝子を特定するものではなく，環境のおおまかな影響の証拠を与えるものであるが，同時に，遺伝と環境の両方の重要性を指摘し，個人差を示す相対的な要因を帰属するのには大きな力を発揮するものである．

7 おわりに

　共感は，他者の情緒的状態を共有し，理解し，そしてそれに対して適切に反応する自然な能力である．それは，社会的なインタラクションにおいてきわめて重要な役割を果たすものである．他者の感情を理解することは，道徳の感受性の核を形成する．幼い子どもであっても，言語的に明確な発話ができるようになる前から，他者の苦痛を緩和しようとする．共感や他者の幸福への関心の欠如は，子どもの，敵愾心，攻撃性，さらには反社会的行動の発達に関する深刻なリスクファクターになることが考えられる．

　今後さらに，共感における進化的な視点と発達の連関，共感発達における神経科学的研究，共感に及ぼす遺伝や環境要因の詳細な検討が期待される．

第3章

共感の進化

　共感は人間だけに見られる高度に複雑で発達した現象だ，と考えられがちである．人間以外の動物が他者に共感するはずがない，と．しかし，本当にそうだろうか．進化という観点から考えたとき，他者に共感する能力は，我々ヒトにおいて突如として現れてきたものなのだろうか．本章では，共感の進化を考えてみたい．

1　初期人類の思いやり

　グルジア共和国のドマニシ遺跡から，多くの初期人類の化石が発見された．およそ175万年前に生きたホモ・エレクトゥス，原人のものだ．身長は140センチほどで，現代のヒトよりひとまわり小さい．脳容積は600 ccから700 ccと，現代人よりかなり小さく，むしろチンパンジーなど大型類人猿に近い．この原人の化石で，興味深い頭骨が見つかった[1]．その頭骨は成人のものと推定され，歯が1本あるのみだった．残りの歯はすべて抜けていた．そして，歯が抜けた後の穴が，骨の吸収と再形成で埋まっていた．これが何を意味するかといえば，歯が抜けてしまってから穴が埋まるまでの何年かの間，この成人が生きていたということだ．歯がないので，普通の食物は食べ

ることができない．何か軟らかいものを食べていたに違いない．当時の環境で，まったくひとりだけで，歯がなくても消化できる食物を十分な量獲得するのは難しかったに違いない．この成人のまわりの者が食物の援助をしていたのではないかと推測される．つまり，歯がなくて困っている人を，まわりの人が思いやって助けていたのではないか，ということだ．

　初期人類の「介護」を思わせる例はほかにもある．約150万年前のホモ・エルガスターの女性の化石だ[2]．骨の状態から，この女性がビタミンA過剰症だったと考えられる．ビタミンAを過剰に摂取して生じる病気だ．この病気にかかると，骨密度が減少し，骨の成長に異常が起こる．女性の骨の化石に，こうした証拠が認められた．病状はゆっくり悪化し，何週間も，あるいは何か月もかかってさまざまな障害が出てくるようになる．腹痛，吐き気，頭痛，悪寒，めまい，運動障害，意識の低下などである．女性の骨の状態から，全体の症状がかなり悪化しているときの特徴が見てとれた．逆に言えば，症状がかなり悪化するまで，この女性が生存していたということだ．病気は比較的長期にわたって進行するので，その間を生き延びていたということになる．完全にひとりで，自力で生きていくのは難しかっただろう．ということは，まわりの誰かが看護をしていたのではないかと思われる．

　上記のほか，これとほぼ同年代の旧石器時代の人類の化石で，頭蓋骨骨折など重症の外傷や病気の痕跡が認められ，かつ障害を負った後もしばらく生存していたとうかがえる例が20例前後見つかっている[3]．まわりの人が介護，看病をしていたのではないかと考えられる．

　さらに，約10万年前のネアンデルタール人は，死者を埋葬していたのではないかと考えられる[4]．イラク北部のシャニダール洞窟で発見されたネアンデルタール人の骨格の周囲で，数種類の花粉が見つかった．死者を埋葬し，副葬品として花を添えていたのではないかと推測される．

2 ヒト以外の動物の比較研究

2-1 系統発生を考える

　ヒトはいつから他者に共感するようになったのか．他人を思いやり，困っている人を助ける行動はどのように出現してきたのか．その進化的起源はどこにあるのだろう．冒頭に紹介したような化石の研究から，こうした問いにある程度の答えを見出すことはできる．少なくとも170万年前の初期人類の段階で，病気や障害のある仲間を思いやり，介護していたと推測される例が見つかっている．

　しかし，化石からの証拠では，当時の人類が実際にどう行動していたのかを確かめることはできない．簡単に言えば，骨は化石に残るが，行動は化石に残らないからだ．化石から見てとれるのはあくまで状況証拠であり，その人が生きているときに何を感じ，どう考えてどう行動したのかは，断定することはできない．

　そこで，現在生きているヒト以外の動物を比較対象にする研究が有力になってくる．その理屈はこうだ．つまり，たとえば，ヒトとチンパンジーで共通の特徴が見られたとする．仮にそれをAとしよう．そうすると，そのAという特徴は，ヒトとチンパンジーが分かれるより前にすでに現れていたと考えるのが自然である．ヒトとチンパンジーが進化の過程で分かれたのは約500万〜700万年前と推定される．ここから，Aという特徴は約500万〜700万年前に生きていたヒトとチンパンジーの共通祖先の段階ですでに備わっていた，と推定される．また別に，Bという特徴があったとする．このBという特徴は，チンパンジーには見られず，ヒトにだけあるとしよう．そうすると，Bという特徴は，ヒトとチンパンジーが分かれた後，ヒトの系統の祖先のどこかで初めて備わった，と推定される．もちろん，ただ2種の動物の比較だけでは確かなことは言えない．実際の研究では，広範な種を詳しく比較することが望ましい．

　ヒトとヒト以外の動物の系統的な関係については，かなりのことが判明し

ている[5]. 化石の調査や DNA の比較研究のたまものである. 現在地球上にいる生き物のうち，ヒトに最も近いのはチンパンジーとボノボである. すでに述べた通り，ヒトの共通祖先から約500万〜700万年前に枝分かれしたと推定される. その次に新しく枝分かれをしたのはゴリラ，さらにその次に新しいのはオランウータン，さらに次に新しいのはテナガザル，それからニホンザルなどのいわゆるサル，またそれから次には霊長類以外の哺乳類，といった具合に続く(図1). ニホンザルなどのサルとヒトが枝分かれしたのは，約3000万年前と推定される. こうしたヒト以外の動物たちに，共感の萌芽的特徴は見られるのだろうか. 本章では，現時点までに知られている科学的知見を見渡すことを通して，系統発生的観点から，共感の進化について考えてみることにしたい.

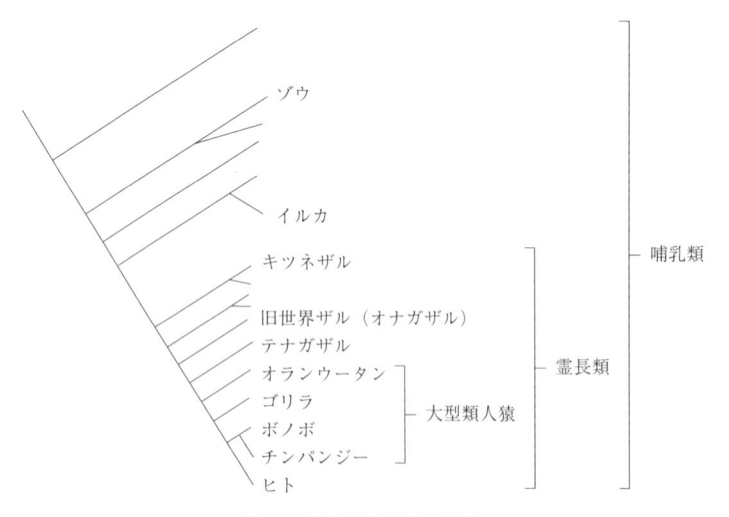

図1 哺乳類の系統図の概要.

2-2 感情研究と動物

「共感」は，言うまでもなく，感情に深く関係した現象である. 他者の感情に思いを馳せ，自分でも同じような感情を想起しながら，思いやりのある言葉をかけたり，助けたりする. そもそもの前提は，我々ヒトには感情がある，ということだ. 喜怒哀楽といった比較的単純な感情もあれば，嫉妬やね

たみなど，複雑な感情もある．ヒトが感情を持つということは自明なことだろう．

　それでは，ヒト以外の動物はどうだろう．筆者は，研究のパートナーとして，チンパンジーと関わってきた．チンパンジーにも感情があるということは，彼らと接していれば，きわめて自然に受け入れることができることである．我々が感情を表出するときに行うのと似たような行動を，我々が感情的になるのと同じような文脈で，チンパンジーも見せるからだ．

　たとえば，チンパンジーは仲間と遊ぶときに声を出す．まさに，笑い声である．その声を文字に書いて表すのは難しいが，小さな声で「ハハハハ」，大きな声では「ガガガガ」という具合だ．専門用語でプレイ・パント(play pant)，もしくはラフター(laughter)などと呼ばれる．子ども同士で取っ組み合いのようなレスリング遊びをするとき，あるいは，追いかけっこで大木のまわりをふたりでグルグル走り回るときなどに，最初は小さな声で「ハハハハ」と声が出始め，遊びが盛り上がってくると大きな「ガガガガ」という声に変わっていく．笑い声を出すときには，表情も笑い顔になる．口を開けて，かつ，リラックスしたような表情だ(図2)．悲しいとき，怖いときには「キャーキャー」と悲鳴のような泣き声をあげる．そして，歯をむき出しにして口を開け，頬から唇にかけての筋肉が緊張した表情になる．怒ったときには，「オッオッ」という声を出す．

図2　チンパンジーの笑い顔．

さて，前の文章では途中から，チンパンジーに感情があることがさも当然であるかのような書き方となった．楽しくて笑う，悲しくて泣く，という具合だ．ここで，大きく2つの考え方があるだろう．1つは，ヒト以外の動物に感情があって当然である，という考え方だ．うちのペットのイヌだって，嬉しいときには尻尾を振って感情を表現するではないか，という言い分だ．もう1つの考え方は，ヒト以外の動物に感情があることは自明ではない，という懐疑的な立場である．実際のところ，ヒト以外の動物に感情があるということは，必ずしも自明なことではない．人間であっても，たとえば自分が「悲しい」と感じているのとまったく同じ感情を相手が感じているのかどうか，定かではない．相手がヒト以外の動物であればなおさら厄介だ．人間なら言葉を話して教えてくれるが，ヒト以外の動物に「今どんな感情か」と尋ねても答えは返ってこない．感情は総じて主観的な体験なので，本人の報告なしに，客観的に科学的に証明するのは簡単なことではない．
　科学者はこれまで，動物の感情について懐疑的に，距離を置いた立場をとってきた．ヒト以外の動物の感情を研究することはなかなか困難であるため，あえて触れずに避けてきたのである．
　つまるところ，ヒト以外の動物の感情について，これまであまり多くの研究はされていない．繰り返しになるが，研究者が避けて通ってきた研究領域と言ってよい．「共感」となると，なおさらである．共感には非常に高度な認知的過程が含まれており，ヒトにしか見られないという意見もある．
　ただ，共感はヒトの系統で完全に新たに備わった特徴であると考えるのも不自然である．共感のような高度で複雑な現象が，ヒトにおいてまったく突然に降ってわいたようにゼロから備わったとは考えにくいだろう．少なくとも，100万年以上前の初期人類において，何らかの思いやりがあった可能性がある．実際に，ヒト以外の動物を対象とした研究で，共感の萌芽に迫った例が，数は少ないながら確実に存在する．次節以降で，そうした研究を概観してみよう．

3 共感の萌芽的諸相

3-1 痛みへの感受性と反応

　最初に紹介するのは，古く1950年代の研究である．当時，ヒト以外の動物の感情を調べることはタブーに近かったが，そうした風潮から考えるときわめて稀有な研究が行われた．ただし，筆者から見れば残酷な実験的研究である．自分自身でこうした研究をしたいとは思わないし，動物福祉や倫理の観点から，現在こうした研究を行おうとしたら大きく規制がなされるだろう．そうはいっても，共感の進化を考えるにあたって，こうした研究の成果を避けて通るわけにもいくまい．

　さて，その研究は，和訳すると「他者の痛みに対するラットの情動的反応」となる題名で学術論文として公表された[6]．ラットを対象にした実験的研究である．この実験では，まずラットにレバーを押すことを学習させた．レバーを押すと食べ物が出てくる．するとラットは，食べ物を得るために積極的にレバーを押すようになる．ここまでは，動物心理学の実験で普通に行われることである．その次がこの実験の主要なテーマとなる．ラットがレバーを押すと，隣のケージにいるラットに電気ショックが与えられるのである．ラットも痛みを感じるし，電気ショックを与えられると，苦痛を感じているような反応をする．自分がレバーを押すと隣のケージのラットに電気ショックが与えられるということを繰り返し経験したラットは，やがてレバーを押さなくなっていった．

　この実験を行った研究者のチャーチ（Russell M. Church）は，次のように解釈した．つまり，ラットは，仲間が苦しんでいるのを見ると，自分自身の境遇が心配になるのではないか，と．ただ，他者の痛みと，将来自分自身に起こるかもしれない痛みを，本当にラットが結び付けて理解しているとは考えにくい．少なくともこの実験に使われたラットは，他者が電気ショックを受けた反応を見た後で自分にも電気ショックが与えられるという経験はなく，そうした学習はしていないはずである．断定的な解釈は難しいが，いずれに

しても，他者の情動的な反応が起因となって，それを見た別のラットに影響があり，レバーを押す行動に抑制がかかったわけである．

　この研究の後，追試や類似の研究がいくつか行われた．たとえば，アカゲザルを対象に同様の研究がある[7]．この実験的研究では，鎖を引くと餌がもらえるようになっていた．そして，この鎖を引くと，仲間のサルに電気ショックが与えられるようにした．そうすると，サルは鎖を引かなくなった．ただ，こうしたたぐいの研究はすぐに下火になった．動物の情動を研究することを研究者が避けていたからだろう．

　しかし，近年になって，少し状況が変わってきている．マウスを対象にして，他個体の痛みに対する反応を調べた研究が発表された[8]．この研究は，和訳すると「マウスにおける共感の証拠としての痛みの社会的調節」となる題の論文として公表された．題名に共感という言葉が用いられている．この実験的研究では，2匹のマウスがペアになった．お互いが見えるようにガラスの容器に別々に入れておく．そして，一方のマウスに，酢酸液を注射する．そうすると，そのマウスには腹痛が起こり，体を伸ばす特有の動きが誘発される．実験の主目的は，そうして酢酸を注入されたマウスを見たもう一方のマウスがどうするか，ということだった．答えは，もう一方のマウスにも体を伸ばす動きが見られる，というものだった．自分は酢酸を注入されていないが，隣のガラス容器に入ったマウスが体を伸ばす動きをするのを見ると，同じように体を伸ばす動きをする頻度が高くなる．隣のマウスが酢酸を注入されないときにはこうした動きはほとんどない．そして，相手と自分との関係に応じてその効果が異なることも見いだされた．酢酸を注入されるのが見知らぬマウスだと，この現象は見られない．相手がふだん一緒にいる仲間のマウスのときに，相手が体を伸ばすと自分も体を伸ばすという現象が見られる．この現象は，痛みに対する反応の伝染とでも呼べるだろう．

　マウスの実験で，さらに別の条件も設定された．この実験では，ペアになった一方のマウスに酢酸を注入し，もう一方のマウスの容器に放射熱源を設置した．この放射熱源に近づくと，やけどを引き起こす．相手が酢酸による痛みの反応をしたのを見たマウスは，自分が熱源に近づいたときに身を引くのが早くなった．つまり，相手が痛みの反応をしているのを見なかったとき

に比べて，見たときのほうが，熱源から身を引くまでの時間が短くなった．酢酸と熱源という異なる刺激の異なる痛みに対しても，感受性が高まるようである．

このように，ヒト以外の動物であるラットやマウスでも，ある個体の痛みの反応が別の個体の行動に影響を及ぼすことが示されてきた．ヒトに見られる共感が進化的にどのように生じてきたのかを考えるうえで示唆的な現象である．

3-2 あくびの伝染

ここからは，痛くない話，あまり残酷ではない研究の話題に切り替えていきたい．共感は，痛みに限った現象ではないからだ．みんなが楽しく笑っていると自分も楽しくなり，みんなが悲しく泣いていると自分も悲しくなる．他者の多種多様な感情に対して，共感という現象が生まれる．そして，みんなが笑うと自分も笑う，ということから示されるように，その根源にあるのは，他人と自分が同調する，ということだろう．

他者との同調という点でもっとも単純な現象の1つに，あくびがある．他人があくびをするのを見ると，思わず自分もあくびをしてしまう．誰しもそうした経験があるだろう．あくびは伝染するのである．

ヒト以外の動物でも，あくびは伝染する．そのことを最初に示したのは，京都大学霊長類研究所のチンパンジーを対象にした研究だった(図3)[9]．実験室にいるチンパンジーに，ビデオを見せる．そのビデオには，別のチンパンジーがあくびをするシーンが出てくる．そうすると，それを見た実験室のチンパンジーも，あくびをする．比較対照として，あくびではなく，別の文脈で単に口を開けている映像を見せた．そうすると，あくびは誘発されなかった．

チンパンジーの研究が引き金となって，他の動物種でもあくびの伝染の研究が行われている[10]．それによると，ボノボやゲラダヒヒ，ベニガオザルでもあくびの伝染が起こる．さらに，イヌでもあくびが伝染するという報告がある．イヌの場合は，ヒトがあくびをするのを見たイヌがあくびをした，というもので，ヒトとイヌという種を超えてあくびは伝染するようだ．

図3 チンパンジーのあくびの伝染の研究. 文献[9]より.

あくびの伝染には，共感の能力が関与しているという説がある．それを支持する証拠の1つとして，相手との関係の深さがあくびの伝染の有無に影響するという研究があげられる[11]．それによると，あくびをした相手と親密な関係にある場合にはあくびが伝染するが，疎遠な関係や見知らぬ関係にある相手があくびをしても伝染はしにくい．共感についても，相手と親密な関係にあればあるほど，共感は起こりやすい．あくびの伝染はこうした傾向と一致する．また，社会的能力に障害のある自閉症の人ではあくびが伝染しないという研究もある．あくびの伝染と社会的能力との関係を示すものとして興味深い．

3-3 情動伝染

あくび以外にも，感情的な表情や行動が他個体に伝染するという現象が，ヒト以外の動物で見られる．オランウータンの行動を記録したビデオ映像から，プレイ・フェイスと呼ばれる表情が伝染することが発見された[12]．プレイ・フェイスとは，遊んでいるときに見られる特徴的な表情で，口を大きく開け，ただし歯がほとんど見えないように頬の筋肉はリラックスした状態

のものである.ビデオ映像を1コマずつ分析していくと,ある個体がプレイ・フェイスをしたら,それを見ていた別の個体が一瞬のうちに同じ表情をすることが見つかった.これは,2番目にプレイ・フェイスをした個体が,くすぐりあいや取っ組みあいなどの遊び行動をしていなくても生じる.つまり,純粋に相手のプレイ・フェイスを見て,それが伝染するのである.

こうした現象は,情動伝染と呼ばれる.情動伝染とは,他個体の表情や発声,姿勢,動きを自動的に再現し,他者のそれと同調させ,情動的に同一化する傾向と定義することができる(図4).共感の萌芽的状態と考えることができそうだ.共感と情動伝染の違いは,情動伝染では必ずしも他者の情動状態を理解しているとは限らないことだ.情動伝染において,表情や行動の伝染は自動的に,つまり擬人的に言えば無意識に起こり,相手の状態を理解しているとは限らない.一方の共感では,相手の感情を,相手の立場に立って理解していることが前提となる.

図4 チンパンジーの情動伝染の例.
2個体が同じ表情をしている.

少し本題から脱線するが,感情と情動という2つの似た言葉が出てきたので,補足することにしよう.感情を科学的に究明するのが難しいのと表裏一体なのか,言葉遣いについても専門的には不明瞭なところがある.類義語がたくさんあって,明確な定義がない.感情,情動,情操,情緒,気分,といった具合だ.これらの言葉をどう使い分けるか,専門家の間でも明確な合意

はないのが現状である．「情動伝染」で使われている情動という言葉は，どちらかと言えば，それを引き起こした原因が明確で，しかも瞬時に変化するような心的過程，具体的には喜怒哀楽が短時間ではっきりと表れるような過程を指す場合が多い．ただし，我々が日常で使う言葉としては，「感情」のほうが馴染みがあるだろう．本章では，専門用語としてほぼ定着している情動伝染の場合には情動を使い，それ以外のところは感情とすることにする．その区別については特に考えなくてよいことにしよう．

さて，情動伝染は，筆者がふだん研究対象としているチンパンジーの日常でもよく見ることができる．顕著なのは母子間だ．たとえば，自分の子どもが，大人同士のケンカに巻き込まれそうになって，泣き声を上げる．その顔も泣き顔になる．それを見た母親が，ほぼ瞬時に泣き顔になる．このように，子どもが発する泣き声や不安な声，それにともなう表情に対して，母親が一瞬にして同じ表情になり同じ音声を発するということがよくある．似たような事例は，他のサルの仲間でも見られる．つまり，情動伝染は，ヒト以外の霊長類で共有している現象である．

母子の間で情動が伝染することは，適応という観点から合理的なことである．母親は，自分の子どもが困難に直面したら素早くそれに反応する必要がある．そうすることで，繁殖成功度が上がる．つまり，子どもの状態に応じて素早く反応できる個体のほうが，そうでない個体より，子孫を残す確率は高いだろう．母子間で顕著な情動伝染は，複雑で高度な共感の源泉といえるのではないだろうか．

4 ヒト以外の動物の向社会的行動

4-1 慰　　め

　情動伝染は，他者の情動に影響を受けることであり，基本的にはそこで終わる．つまり，情動的な状態に陥った相手に対して助けたり慰めたりするわけではない．我々人間の共感を考える場合，共感は援助や慰めへと発展することが多い．それは，同情と言い換えてもいいだろう．共感は，他者の感情

的状態を察知して理解することである．同情は，そうした他者に対して気遣いのある行動をとることである．

　ヒト以外の動物で，そうした気遣いはあるだろうか．答えは，「ある」といってよいだろう．ヒトに近縁なチンパンジーでは，「慰め」行動が頻繁に見られる．

　慰めの事例について考える前に，ケンカと仲直りについての話から始めよう．多くの霊長類で，ケンカの後に仲直りすることが知られている[13]．集団で社会を形成する霊長類は，日常のいろいろな場面でケンカをする．食べ物をめぐって競合する場面でケンカが起こったり，交尾相手をめぐってケンカしたり，あるいはオスが力を誇示してまわる乱暴な誇示行動の勢いでケンカに発展したり，といった具合である．そうして，ケンカを仕掛けた個体と，仕掛けられた個体が，ケンカの少しあとに友好的な行動を行うことがよくある．人間同士でケンカしたあとに仲直りするのとそっくりだ．実際に，ヒト以外の霊長類で見られるこうした現象は，「仲直り」と呼ばれる．ケンカによって亀裂が生じた関係を，友好的な仲直り行動によって修復していると考えられる．

　慰め行動は，チンパンジーで最初に報告された[14]．仲直りと違って，慰め行動は，ケンカに直接かかわっていない個体が見せる友好的，親和的行動である．たとえば，チンパンジーAとチンパンジーBがケンカをして，チンパンジーAがBに攻撃を加えたとする．チンパンジーBはけがをして，負けて泣きながら逃げ回る．勝負が決すると，チンパンジーAは追いかけるのをやめて止まる．負けたチンパンジーBは，逃げ切った地点でぽつんと座っている．そこへ，別のチンパンジーCがやってくる．そして，チンパンジーBに近づき，抱きついたり，傷を調べたりする．つまり，最初のケンカに直接関与していないチンパンジーCが，ケンカに負けたチンパンジーBに対して親和的な行動を行うわけである．慰められたチンパンジーは，それで明らかに元気を取り戻しているように見えることが多い．さらに，誰が誰を慰めるのか調べてみると，主に血縁関係がある場合や，普段から親しい関係にある場合が多いことがわかった．つまり，攻撃された側が自分と近い関係にある場合に，慰め行動が起こるようである．その後の研究で，チ

ンパンジー以外の大型類人猿でも，慰め行動は普通に起こることが確かめられている．

　大型類人猿ではなく，サルの仲間でも慰め行動が起こるだろうか．その問いに答えるべく，アカゲザルの群れで観察が行われた[15]．しかし結果は，否定的なものだった．何百例というケンカの事例が観察されたが，慰めに該当する事例は1つもなかった．

　霊長類の中で，大型類人猿はヒト科に属し，アカゲザルはオナガザル科に属す．2つの分類群のあいだで，慰め行動の有無がくっきり分かれることは興味深い．このことは，また後で触れることにしたい．

4-2　援助と利他行動

　自然の場面で慰め行動をよく行うチンパンジーでは，もっと明確に他者を援助するような行動を行う．次のような実験的研究がある（図5）[16]．2個体のチンパンジーが，それぞれ隣り合った小部屋にいる．一方のチンパンジーの部屋の外側に，ジュースが入った容器が置いてある．部屋の壁には少し隙間があって，外に手を伸ばすことができるが，ジュース容器には届かない．ジュース容器を手に入れるには，棒で引き寄せるなど，道具を使うことが必要だ．しかしこの部屋の中には，道具がない．これと隣り合ったもう一方の部屋には，棒などいろいろな物がある．そして，隣り合った2つの小部屋の間の壁には，ちょうど物を受け渡しできる大きさの穴があいている．こうした状況で，2個体のチンパンジーがどうふるまうのかを調べた．

　すると，相手を援助するような行動が見られた．ジュースを取りたいが道具がないチンパンジーは，隣の部屋にいるチンパンジーに対して，要求の身振りをする．部屋の壁の穴から相手のほうに腕を伸ばす，手をたたいてみる，などの行動だ．そうすると，その相手のチンパンジーは，棒をとって手渡してあげた．さらに興味深いことに，相手が何を必要としているのかきちんと理解しているようである．役に立つものと立たないものといろいろな物がある中から，きちんと相手が必要としている物を渡してあげるのである．道具を渡してあげたところで，渡したほうには何の利益もない．まさに利他的な援助行動である．

図5 チンパンジーの援助行動の研究. 手前のチンパンジーが, 向こう側のチンパンジーの要求にこたえて, 棒を渡している. 文献[16]より.

　援助したり利他的に行動したりすることは, 向社会的行動と言い換えることができる. 他者を助けたり他者の役に立とうとしたりするような行動を指す. 上記のような実験的場面ではなく, チンパンジーの日常的な社会交渉の中でも, 向社会的行動は見られる. そのわかりやすい例は, 食物分配だろう. 誰かが食べ物を欲していると, その個体に自分の食べ物を分けてあげる. 食物分配が最もよく見られるのは, やはり母子間である. 母親が何か食べ物を食べていると, 子どもが近づいてきて, フィンパーと呼ばれる声を発する.「フフフ」と泣くような音声だ. そうすると, 母親が子どもに, 食べ物の一部, あるいは全部を分け与える(図6)[17].

図6 チンパンジー母子間の食物分配.

大型類人猿の行う向社会的行動の一例として，よく知られたエピソードがある．アメリカ・シカゴのブルックフィールド動物園で起きた出来事だ．1996年8月16日，ゴリラの運動場で見物していた3歳の男の子が，ゴリラの運動場に落ちてしまった．ゴリラに夢中になって柵から覗き込み，手を滑らせてその下に落ちてしまったのだ．ゴリラの運動場は，見物客からみて下にあり，その地面まで5.5メートルある．男の子は，運動場に落ちた後，動かなくなった．飼育員は慌てた．運動場には7個体のゴリラがいる．ゴリラは人間より圧倒的に大きくて，力も強い．3歳の男の子に対して，攻撃を加えたら大変である．実際，男の子は，ゴリラからしてみれば，自分たちの運動場に侵入してきたよそ者だ．ゴリラが男の子に対して何をするかわからない．飼育員は，水を撒いたりして，ゴリラたちをその男の子から遠ざけようとした．そこへ，あるメスゴリラが近づいてきた．8歳のビンティ・ジェアだ．ビンティ・ジェアは，動かなくなって地面に横たわっている男の子を，やさしく抱え上げた．そして，運動場の小川にかかる丸木橋まで運び，膝の上に抱いて，やさしく背中を撫でた．やがてそっと去って行った．その後男の子は，人間の手によって無事に救出された．アメリカの雑誌『Time』は，ビンティ・ジェアを1996年の「ベストピープル」のひとりに選んだ．

4-3 同時創発仮説

大型類人猿は慰め行動や援助行動などいろいろな向社会的行動を見せるのに対して，サルはそうではない．このことを説明するものとして，ドゥ・ヴァール(Frans de Waal)は「同時創発仮説」を提唱している[18]．自己認識の能力と向社会的行動との間に関係があるという仮説である．理屈はこうだ．高度な向社会的行動を行うには，相手の立場に立って考える必要がある．相手の視点から見ることといってもよい．視点取得と呼ばれる．視点取得のためには，自分と他人を切り離して，それぞれを客観的にとらえる必要がある．つまり，自分も客観的にとらえることになる．それが自己認識である．

ヒトの子どもを対象として，自己認識と向社会的行動の関係を調べた研究がある[19]．自己認識は，鏡に映った自分を正しく自分だと認識できるか，という点から調べることができる．鏡映像自己認識と呼ばれるものだ．一般

に，ヒトの子どもは，1歳半から2歳にかけて，鏡映像自己認識が可能になる．逆に言えば，それまでは鏡映像自己認識はできず，発達に伴って，2歳くらいになってようやくできるようになる．向社会的行動を調べるために，研究では大人と子どもがやり取りする場面を作った．そして大人には，何か困ったことがあって悲しいという演技をしてもらった．そうすると，子どもの中には，その大人を慰めたり，助けたりするような向社会的行動をする子どもがいた．結果，鏡映像自己認識と向社会的行動の間に強い関係があることが見つかった．向社会的行動を行う子どもは，鏡映像自己認識ができる．向社会的行動を行わない子どもは，鏡映像自己認識ができない．自己認識と向社会的行動が同時に発達するという，同時創発仮説と一致する結果である．

　チンパンジーなど大型類人猿も，鏡映像自己認識が可能だ[20]．科学的には，マークテストと呼ばれるテストで調べることができる．チンパンジーを麻酔しておく．そして，麻酔している間に，チンパンジーの額にこっそり染料を塗ってマークをつけておく．マークに匂いや触感は感じられない．額なので，直接目で見ることもできない．麻酔からさめたチンパンジーに，鏡を見せてみる．ここで，鏡に映った映像が自分だと理解していれば，自分の額にマークがついていることに気づくだろう．実際，チンパンジーはそのようにふるまう．鏡を見ながら，額についたマークを気にして取ろうとするのだ．麻酔してマークテストをしなくても，自発的な行動から自己認識を確かに見て取ることができる．たとえば，鏡を見ながら，口を開けて歯に挟まった物を取ろうとする．鏡を使わなければ見えない口の中を，鏡を利用してのぞきこみ，それが自己の口の中だと理解しているからこそ可能になる行動である（図7）．同様の結果が，ボノボやオランウータンといった他の大型類人猿でも確かめられている．その一方，サルをテストしても，鏡映像自己認識はできない．何千時間も鏡を見せる経験を与えても，サルの場合は，鏡に映った映像が自分だと理解しているような行動は見せない．

　このことは，同時創発仮説が進化的にも正しい可能性を示している．つまり，進化の段階で，慰め行動などの高度な向社会的行動を行う能力と，自己認識の能力が一緒に獲得されたのではないか，ということだ．前述のように，サルでは慰めなど向社会的行動を行わない．そして，鏡映像自己認識も行わ

図7 チンパンジーの鏡映像自己認識.

ない．大型類人猿は，高度な向社会的行動を行い，鏡映像自己認識も可能だ．
　類人猿と同じように高度な向社会的行動を行うエピソードが報告されているゾウやイルカでも，鏡映像自己認識が可能であるという研究結果がある．ゾウやイルカでも同時創発仮説があてはまると，この仮説提唱者のドゥ・ヴァールは述べている[18]．ただし，詳しい検証はまだ行われておらず，今後の研究の展開が望まれるところである．

5 他個体の感情の知覚とメカニズム

5-1 前関心

　前節で，類人猿に見られる慰め行動について紹介した．そして，視点取得の可能性について述べた．つまり，相手が陥っている苦境を理解して，つまり相手の視点に立って感情を理解して，慰める行動を行うのではないか，ということだ．しかし，必ずしもそうとは限らない．相手に対して何らかの気遣いがあることは確かだが，相手の気持ちを理解しているとは断定できないのである．実際，ヒトの幼い子どもで，相手に何が起きているのか理解している様子もないままに，困っている相手に近づいていくことがある．慰め行動を行う類人猿でも，同じようなことかもしれない．では，相手の気持ちが理解できないとしたら，なぜ相手に近づいて気遣いのある行動を行うのだろ

うか．前述の同時創発仮説を提唱したドゥ・ヴァールは，そこに「前関心」があると主張している[18]．

前関心は，ドゥ・ヴァールによれば，他者が苦しんでいるなどの動揺した状態にあるのを見たとき，その相手に強い関心が生まれることを指す．ここで言う「前」とは，同情や共感の前に成り立つ，あるいは，その前提となる萌芽的な，という意味にとらえればよいだろう．たとえば，どこかで誰かが泣き始めたとする．何があったのか気になって，近寄ってみたくなる．泣いている相手の「悲しい」「悔しい」という気持ちを必ずしも理解している必要はない．相手の情動的な行動に，思わず引き寄せられて，強い関心が向く．類人猿の慰め行動は，こうした前関心を基礎にしたものかもしれない．相手の気持ちを理解していなくとも，前関心によって，苦境に陥った相手に引き寄せられる．そのあとに出てくる慰め行動は，必ずしも相手の気持ちをなだめる意図があるとは限らない．社会行動のパターンとして，相手を触ったり抱いたりということが自動的に出てくるだけなのかもしれない．

ただ，ドゥ・ヴァールが前関心について議論したとき，これを実証するような研究はなかった．完全な机上の仮説である．その後，チンパンジーを対象にして，この仮説と関連のある研究が行われている．次に，こうしたチンパンジーを対象とした研究を2つ紹介しよう．1つめが記憶の研究，もう1つが脳波研究であり，2段階での展開になる．

5-2 感情と記憶

まず紹介するのは，他者の感情表出と記憶に関する研究である．他者が何らかの感情表出をしているシーンが映った画像を見たときと，特に何も感情表出をしていないシーンの画像を見たときとで，そのどちらをよく記憶しているのか，という実験的研究だ．

そもそも感情は，記憶に深く関与する．感情的な体験が鮮明に記憶に残るということは，我々誰しも経験することだろう．このことは，脳機能と脳の解剖学的な特徴からも裏づけられる．扁桃体という部位が，感情に関わる脳部位の中で非常に重要な役割を果たす．感情的な出来事を検出するのに扁桃体が働くと考えられている．この扁桃体の隣に，海馬と呼ばれる部位がある．

海馬は記憶を司る機能を果たす．特に，短期記憶を長期記憶に転送して記銘する際に海馬が働くと考えられている．この海馬と扁桃体が互いに隣接していて，両者の間には密接な神経連絡が存在する．このことから，感情的な出来事によって扁桃体が強く活動し，それが海馬を刺激して，結果として記憶が強く残ると考えられている．

　本題に戻そう．チンパンジーを対象とした研究が，京都大学霊長類研究所で実施された[21]．連続プローブ再認課題と呼ばれる認知課題である．この課題では，まず何枚かの画像が続けて見せられる．その後で，2枚の写真が見せられる．そのうちの1枚は，先ほど出てきた写真の中の1枚である．もう1枚は，先に出てこなかった写真である．チンパンジーは，先に出てきた写真のほうを選べば正解となる．

　実際の課題では，まず4枚の画像が順に提示された．その画像は，2種類に分類することができる．1種類目は「感情的な画像」である．チンパンジーが攻撃している姿，攻撃されて泣いている姿，あるいは威嚇している姿など，感情的な表出をしたチンパンジーが映っているものである．もう1種類は「中立的な画像」である．画像に映っているチンパンジーが特に感情的な行動をしていないものだ(図8)．

感情的な画像　　　　中立的な画像

図8　チンパンジーにおける感情的な画像の記憶に使われた画像の例．文献[21]より．

　こうした2種類の画像4枚が，モニター画面に次々に現れる．そのあとで，

記憶テストとして，2枚の画像が並んでモニターに表示される．このとき，2枚の画像のうちの一方は先の4枚の中にあったのと同じであり，もう1枚は先に出てこなかった画像である．チンパンジーは，先に出てきた画像のほうを選んでタッチすれば正解となる．注目すべきは，画像の記憶と，画像の内容とに関係があるかどうかということだ．つまり，チンパンジーが感情表出をしているシーンが映った画像と，そうでない中立的な画像と，そのどちらをよりよく覚えているのかということだ．

その結果，この実験に参加した2個体のチンパンジーのうち1個体は，感情的な画像をよく覚えていることがわかった．もう1個体はそのような結果ではなく，画像の内容と記憶とに関係はなさそうだった．少なくとも1個体のチンパンジーで，感情表出をする他個体のチンパンジーの画像をよく覚えていた，ということになる．

5-3 脳の反応

上記の研究が行われているころ，筆者は別の場所でチンパンジーの脳波を測定することを試みていた．そして，世界で初めて，覚醒状態にある大人のチンパンジーから脳波を記録することに成功した．他者の表情表出画像の記憶に関する興味深い結果を聞いて，これを脳波の研究とつなげることを考えた(図9)．

脳波は，頭皮上で観察される電位変化である．大脳皮質の神経活動によって生じた電流が，脳組織や頭蓋骨を伝わって，表面の頭皮上に現れたものだ．頭皮の表面に電極をつけ，その電極を計測機器に接続すると，電圧の変化を記録することができる．横軸に時間，縦軸に電圧をとってその変化を見ると波のように見えるので，脳波と呼ばれる．

上述の記憶の研究で使われた画像を用いて，これをチンパンジーが見ている際の脳波を測定した[22]．記憶の研究と同じく，2種類の画像だ．そのうち1種類は感情的な画像で，感情的表情表出をしたチンパンジーが映っている画像である．もう1種類は中立的な画像で，特に感情的な表情は見せず，おちついて座っていたり，2個体のチンパンジーが毛づくろいをしていたりというシーンをとらえた画像である．

図9 チンパンジーの脳波測定風景.

　研究の結果，感情的な画像と中立的な画像を見た際の脳波を得ることができた．そのなかには，両方に共通したものと，両者の間に違いがあるものがあった．両方に共通したものは，主に画像提示開始から200ミリ秒以内の脳波で，画像に対する単純な視覚的処理を反映したものと考えられる．
　それに続く時間帯で，違いが見られた．画像提示開始から210ミリ秒以降で，2種類の画像に対する脳波の大きさ，つまり振幅が異なった．感情的な画像を見た際の振幅のほうが，中立的な画像を見た際の振幅より大きくなった．画像を見始めてから210ミリ秒あたりから，感情的な画像に対して何か特別な脳内処理がなされていることを示すものだ．
　ヒトを対象とした類似の脳波研究と比較対照して考察すると，チンパンジーで見られた210ミリ秒以降の脳波の違いは，画像に対する注意を反映したものと考えられる．感情的な画像のほうに，中立的な画像より強い注意が向けられ，その脳内過程を反映したものだろうということだ．
　ここで1つ留意しておくことがある．脳波の測定をしても，感情に直接関連した脳波成分が検出されるわけではない．脳波を見ても，「悲しい」と感じているとか，「怒っている」とか，そうしたことがわかるわけではない．したがって，感情的な画像を見たチンパンジーが，どういった感情を抱いて

いるのかということまではわからない．つまり，画像に映っている感情的なチンパンジーに対して，それを見た被験体のチンパンジーが共感や同情を覚えているのかどうかということは不明だ．しかし，少なくとも，画像を見始めてから210ミリ秒という早い段階ですでに，感情的な画像と中立的な画像に対する脳内処理が異なるということが示された．これは，感情的な画像のほうが記憶に残りやすいという研究結果を，脳波の研究から裏づける結果と言える．そして，感情的な表出をした個体に対して特別な「前関心」が向けられるという仮説を，脳研究から支持するものと考えられる．ヒト以外での霊長類であるチンパンジーで，こうした脳内処理過程が実際に行われていることを示唆する．

6 共感の段階的進化

　ここまで，ヒト以外の動物を対象として，共感に関連した研究成果を紹介してきた．そうした例は，まだ数多くはない．共感はヒトだけに見られる高度で特殊な現象だと一般に考えられがちである．ヒト以外の動物に共感の萌芽を見出そうとする研究者はこれまでほとんどいなかったし，こうしたテーマに迫る研究も稀であった．ヒトを対象とした研究は数多くあるのに，非常に対照的である．しかし，ヒト以外の動物においても，共感の萌芽的特徴は見出すことができる．共感は，ヒトだけが突如として獲得した能力ではない．進化の過程で，段階を追って形作られてきたものである．それぞれの段階に相当する要素的特徴を，ヒト以外の動物にも見出すことができる．以上が本章の主張である．

　簡単にまとめてみよう．ラットやマウスでも，他者の痛みに感受性を見せる．情動伝染が起こる．ここでは，ある個体の感情表出が別の個体に影響を及ぼす，というだけである．人間のように，痛がっている個体にいたわりある行動をするわけではない．しかし，単純な情動伝染でも，十分に適応的だと考えられる．他個体が何らかの感情表出をしているということは，その原因となった環境の変化があるはずである．情動伝染によって感受性が高まる

ことによって，そうした環境の変化を素早く察知し，適切な行動が引き出されることになる．誰かが驚いて身をかがめると，それを見た別の個体にもそれが伝染して同じようにとっさに身をかがめる，ということを想像してもらえばわかりやすいだろう．

他者の感情表出への感受性が適応的行動に結びつく最たる例は，母子の間においてだろう．自分の子どもが苦境に陥って感情表出をすると，それを母親が瞬時に察知する．そうして，適切に子どもを守る行動が引き出される．そこでは必ずしも，子どもの状況を理解している必要はない．子どもが音声を発し，それに母親が反応するということは，多くの哺乳類で見られることだ[18]．たとえば，子どもが母親からはぐれたときなどに発するロスト・コールと呼ばれる音声を母親が聞くと，母親は素早くそちらの方角に向かっていく．母親が子どもを育てる哺乳類にとって，子どもの感情表出に敏感に反応できる母親のほうが，適切に子育てをして多くの子どもを残すことができたに違いない．他者の感情表出への感受性は，哺乳類における母子関係にその源泉があるのではないだろうか(図10)．

図10 チンパンジーの母子．哺乳類は全般に，母親が子どもを産み，そして基本的に母親が生まれた子どもを育てるというスタイルをとっている．

苦境におちいっている他個体に前関心がわきおこり，そうした個体に引き寄せられることを基礎にして，慰め行動など向社会的行動が出てくる．これはヒトに限ったことではない．ヒトに近縁な大型類人猿において，自然な交

渉の中に慰め行動が頻繁に出現することが確かめられている．ケンカに負けた個体に近寄って，抱きついたりやさしく触ったりする行動である．こうした行動は，霊長類の中では大型類人猿だけに見られるものであり，サル類では見られない．ヒト科のヒトと大型類人猿が，それ以外の霊長類の系統と分岐した時点で顕著に現れた特徴と考えられるだろう．

そこへさらに，相手の立場に立って理解する視点取得の能力が加わると，より高度な向社会的行動が出てくる．相手の状況に合わせた援助行動，利他行動などである．同情，と言い換えてもよい．チンパンジーにおいても，相手の状況に合わせた援助行動が出てくることが報告されている．ただしこのとき，どこまで他者の視点を理解しているのかということについては，現時点では詳しく解明されていない．今後の研究が待たれる．

そしてヒトでは，明確に他者の視点に立って共感し，同情する能力が現れる．このとき他者が目の前にいなくてもよい．災害にあった人の新聞記事を読み，ニュースを見るだけで，被災者への共感が呼び起こされ，援助の手が届けられる．遠く目に見えない他者の状況を想像して，共感することができる．そこだけ切り取ってみると，ヒト以外の動物とは際立って違うかもしれない．しかしこれは氷山の一角のようなものだ．水面下にはさまざまな段階があり，ヒト以外の動物と共有している特徴が幾重にも重なっているのだろう．

第4章

社会的文脈から共感を考える

　大きな災害や事件・事故が起きたとき，私たちはテレビの前に釘付けになり報じられた犠牲者に落涙し，何かせずにはいられない気持ちになる．そのような心の働きである共感こそ人間を善と徳の存在にすると考える研究者がいる一方，それこそが対立をエスカレートさせ公正や正義を歪めると主張する研究者もいる．両者の間には，社会に対する視点の違いがある．ここでは，現代という時代の観点から社会とそこに生きる人々をとらえ，共感の性質を考える．

1 共感と愛他性

　共感という現象は，日常会話では，「わかるわかる……」などの発言に見られる．私たちは日頃他者との親しい交流において，「わかるわかる」を繰り返し経験している．子どもの誕生，失恋，仕事の苦労，老いの寂しさなど，考えてみれば私たちの経験する喜怒哀楽のほとんどは，自分1人で味わってはいない．わかってもらおうとして誰かに経験を伝え，「わかるわかる」を相手から引き出す．一般に親密な関係とは，「わかるわかる」を与え与えられる関係と言い換えてもよいかもしれない．何か具体的な支援があるわけで

なく事実としてまったく何ひとつ変わらないときでも,「わかるわかる」と相手に受け止めてもらうことで,絶望の岸から離れ明日へとこぎ出す勇気が湧いてくるように思えてくる.共感はこのような親密な関係の当事者同士を結びつけ紐帯を強化するものである.

1-1 共感とは

　共感は,日常生活で用いられることばであるが,また心理学,哲学,教育学,文化人類学などで用いられる学術用語でもある.元はドイツ美学の学術用語として用いられた Einfühlung が英語圏に入り, empathy という語が新たに創出された[1].日本語の共感はおそらくそれが輸入され翻訳されたものだと思われる.しかし,改めて共感を定義するのはかなり困難である.学術的な世界でも研究者によってさまざまな見解があり,学界全体で合意できるような定義が確立しているとは言い難い.それぞれが同じ言葉を使いながら別のものを想定しているのであれば,議論自体が無意味になりかねないから,定義はとても重要である.共感は同情(sympathy)や思いやり(compassion)とどう異なるか,自己と他者の区別はどうなるのかなど意味や用法に厳密に制約をはめ,何であって何でないかその輪郭をはっきりさせることが定義である.しかし,見解が分かれている現在の状況で厳密な定義にこだわれば1歩も先には進めなくなることもまた事実である.ひとまずここでは,他者の感情を感じ取るように把握する社会的感情(social feeling)である[2],と極めてゆるやかに押さえておくに留めたい.

　ただ,最低限いくつかの点を確認しておきたい.第1に,共感は他者の心の中に何が起きているかを認知的に理解することとイコールではない.いじめっ子はいじめられる側の子が困るようなこと,悲しむようなことをわざわざ選んでするかもしれない.とすれば,相手の心に何が起きるかをまさに認知的に理解し,それに自分の行為の照準をあてていることになる.しかし,これは共感とは言わない.他者の福祉安寧を願うことを共感の定義に含めるか否かは見解の分かれるところだが,この場合少なくとも,相手の心の中では悲しみや当惑が生じるだろうと思われるが,いじめる側には喜びや興奮などまったく異質の心的状態があるとするなら,これは共感とは言えない.し

たがって，共感は相手の心の状態の認知的理解と単純にイコールではない．

　また，相手の状況を知り，自分も同じような感情状態になっても，その後の関心が自分自身にしか向かわないのであれば共感とは言い難い．たとえば，他者が就職試験に落ちてふさいでいることを知り，自分も落ちるかもしれないと思って陰鬱になる．この場合，他者も陰鬱，自分も陰鬱という同類の感情を経験したとしても，他者の陰鬱を引き起こしているものが自分にも起きると予測し，自己への関心に終始している．子ども虐待のリスクの大きい親は，子どもが泣いて混乱状態になると，親も同じように混乱しその解消のため虐待行動に出てしまうとされている．これらは，共感とは呼ばない[3]．

1-2　共感・向社会的行動の生物学的基盤

　一般に共感性は望ましい属性とされ，しばしばそれを伸ばすことが目標として掲げられる(例として[4])．ベイトソン(C. Daniel Batson)らは，共感は自分の利益を無視して，共感した相手の福祉向上を優先して考えることを促し，向社会的行動へと人を動かす原動力になると考え，共感–愛他性説を唱えた[5]．また，それまでの共感研究を概観したアイゼンバーグ(Nancy Eisenberg)らは，共感性と向社会的行動はゆるやかな肯定的関係にあると報告し[6]，ホフマン(Martin L. Hoffman)は共感を道徳性に影響を及ぼすものとして位置づけている[7]．すなわち，共感が十分高い水準にあれば，向社会的行動への動機づけが高まり，時間などの外的条件制約が許せば向社会的行動がなされる，という一連の過程があると想定され，それは相互に人々の福祉を向上させる人間の善なる特質と考えられたのである．

　1990年代後半，ミラーニューロンが偶然発見された[8]．マカクザルにおいて，実験者がエサを拾い上げたところ，マカクザル自身がエサを取るときに発火するニューロンに同様の活動が見られることが発見されたのである．他の個体がある行動をするのを見るとき，あたかも自分自身がその行動をしているかのように「鏡」のような反応を示すことから，ミラーニューロンという名がつけられた．これは多くの研究者を刺激した．ミラーニューロンはバラバラな個体と他の個体とをつなぐ生得的な仕組みということになり，社会的動物の社会性を支える生物学的基盤が発見されたことになるからである．

近年，fMRI(機能的核磁気共鳴画像法)を用いたヒトの脳の研究が盛んに行われている．これは，人がある課題を行っているとき脳のそれぞれの場所での血液中の酸素の増加量をとらえることによって，その課題と結びついている脳の活動の場所を特定しようとするものである．この方法を用いた研究で，他者の行動を観察するときと自分が同じ行動をするとき，下前頭回と上頭頂葉がどちらの場合も活動を示すことが判明し，ここから，人間でのミラーニューロンの存在が強く確信されるようになった．運動誘発電位(motor evoked potential(MEP))や視線の細かな動きを追うアイトラッキングなどの他の先端的技法を用いた研究からも，個体と個体とをつなぐ生体上の仕組みが次第に明らかにされつつある(例として[9])．
　他者という別個体と自己を結びつける機能が身体レベルで裏づけられているという発見は，共感研究にもすぐに応用された．たとえば，ジャクソン(Philip L. Jackson)らは，他者がドアに指をはさみ痛みを経験しているだろう場面の写真とそうでない写真を呈示した実験で，前者では痛みを処理する脳部位が強く反応することを示し，共感の神経過程を明らかにしたと報告している[10]．これらの研究は，人は他者の心を理解できるような生物学的仕組みを元来備えている，という考えをもたらした．
　先に挙げた共感の定義問題に関わるので安易には言えないが，そうすることが自分の利益にならないのが明白であるときでさえ，他者の心を汲み取り，時には自分の何かを犠牲にしてまで他者のために動こうとすることは，まさに道徳的善に値すると思われる．生き抜くこと自体に苦難が多かったはずの原始の時代をくぐり抜け今日このように地上で繁栄している人間の歴史には，直接血縁関係にない他者にも共感し手を差し伸べるという愛他性(他者を慈しむ性質)が何らかの形で関わっていると考えることができる．共感は，他者と自己とをつなぐ機能を果たすヒトに備わっている生物学的仕組みを基に，他者の心情を感じ取り，他者の福祉安寧のために自分を方向づけることであり，人間をすばらしい存在にしているものの1つであるとの見解がある[11]．

1-3　共感不発と見えるとき

　だが翻って日常を眺めわたすなら，他者の痛みへの共感性が本当に生物学

的にすべての人に備わっているのかと疑いたくなるような出来事を思い浮かべるのは，そうむずかしくあるまい．いじめ，差別，虐待，無理解などの私的領域での事件だけでなく，国家・民族・文化間レベルの対立・紛争に絡む大規模事件もしばしば報道される．針の先端で刺されている写真を見ただけで，痛みに対応する脳部位が反応する．他者の痛みを感じ取るそのような優れて敏感な仕組みを身体に備えている人間が，なぜ苦しんでいる隣人に気づかず，無差別に人命を奪ったり意図的に暴行を加えたりするのか．あるいはなぜ葛藤・対立さらには紛争を抑制・回避できないのだろうか．

　日頃遭遇するたいていの出来事は，さまざまな要因が複雑に絡み合って起きる．しかし，コレコレだからこういうことが起きる，という因果関係理解は単純化されたものになりがちであり，時には現実を歪めたものとなる傾向がある．そのようなバイアスの1つとして，基本的帰属錯誤と呼ばれるものがある[12]．私たちはあることがなぜ起きたかその原因を考える際，行為者の性格や能力などを主軸に据え，その人を取り巻く環境や状況などの外的な変動要因をあまり考慮しない傾向がある．宿題をやってこなかった生徒がいると聞くとまず，宿題をしてこないことの原因を行為者が本来もっている内的な何か，この例では「いいかげんな性格」や「やる気のなさ」のせいだとし，それ以上他の原因を探る努力をそこで止めてしまう傾向がある．特に，他者を理解するとき，まずその人の性格でもって説明しようとする歪曲傾向とも言える[13]．

　同様に，ある人が苦境にいるのに，その場にいる人物がそれほど共感も援助も示さないとき，その原因を「まあ，何と冷たい」とその人の冷淡さや共感性の低さのせいだと考えがちである．つまり，行動は人に安定的に備わっている性質から生まれるととらえるわけである．共感性が共感する側の安定的素質のようなものから湧き出てくるものだとするなら，そしてその性質は人間に生得的に備わっているなら，人は困っている人を見ればいつでも誰に対しても同じように共感するはずだが，現実はどうだろうか？　友人からの評価によれば本来は人の気持ちがわかるあたたかい人物なのに，傍らに人が倒れていてもそれを見ながら通り過ぎるなど，場合によって共感が示されたり示されなかったりするなら，安定的素質以外の原因を探ってみる必要があ

ることになる．

　社会心理学では，他者が自分にとってどのような人であるかによって，その人物への知覚・評価・態度・行動などが異なることが明らかにされている．また，状況要因が通常考える以上に，私たちの思考や行動に大きく影響することも明らかにされている．そこで，共感を制約する問題，すなわち他者とは誰か，そして他者の心を読み感じ取るときの状況要因，さらに共感に内在する問題について，「今日の社会」という文脈で考えてみたい．

2 他者とは誰か

2-1 仲間とよそ者

　共感はその他者の心のうちをまるで自分が経験しているかのように感じ取ることだとすれば，その他者と自己との心理的な重ねやすさの程度が共感に影響すると考えられる．この心理的な重ねやすさを決める要因の1つが相手との親密度である．ある研究では[14]，実験参加者は友人とともに参加した．そして，自分，友人あるいは見知らぬ他者に電気ショックが与えられると脅され，そのときの脳の活動の様子が測定され比較検討された．その結果，自分の場合と友人の場合の脳反応は対応していたが，見知らぬ他者ではそのようなことはなかった．見知らぬ他者に脅威があることを知ると，怖がっているということを理解はするが，他者の恐怖に当事者であるかのように共鳴するのは，友人の場合だけだった．

　親交のある友人の場合には，心理的にひとまとまりのユニットになりやすいことは推測できるだろう．だが，直接交流がない知らない他者でも，他者の中に自分と類似する何らかの要素を感じ取れば，同胞・仲間・ひとまとまりの心理的ユニットが形成される場合がある．類似性の要素として，人種や国籍，社会経済階層，性別，言語など，実にさまざまなものがこれまでに知られている．自己カテゴリー化理論は，自分を含むこちら側は"我々(us)"，相手側は"彼ら(them)"として，それぞれの中では互いに類似しているものとして認知的まとまり(カテゴリー)を形成し，その間の隔たりをより大きな

ものとして知覚することを指摘した[15].

我々の側にいる他者の well-being は自分自身にも関連する関心事項となり，必要な場合には共感に基づいた援助が提供される傾向がある．事実，対応する脳部位の活動量として測定される共感は，外集団成員の疼痛よりも内集団成員のそれに対して強いことが報告されている[16]．また，意見・態度・思想信条や特性における自己との類似性も，"我々"と"彼ら"を分け隔てる基準となり，共感や向社会的行動は我々の側の人間に対して向けられる[17]．自分の所属集団の成員に対しては，外集団成員に対する知覚や感情や態度・行動とは異なり，内集団ひいきが起きることが以前から知られているが（例として[18]），これは共感や向社会的行動にもあてはまる．内集団と外集団を分かつ基準として人種などその人物の顕著な属性が用いられやすいが，その時点での最低限のにわかな類似性，たとえば無作為に分けられた〈紅組 vs. 白組〉でも心理的まとまりが形成され，自分の仲間とされた人への共感はそれ以外の人への共感とは異なった特別なものとなり，支援提供が行われやすくなる[19].

イソップ童話『アリとキリギリス』のいくつかの日本語版では，アリが飢えているキリギリスの惨状に共感して援助するという結末になっているものがあるが[20]，そもそも外見形状が異なる別種である上，人生に対する態度でも異なるから，アリはキリギリスには共感せず食べ物を分け与えないと考えるのが筋であろう．

2-2 他者理解の基本軸

他者をどのように理解しているかについての最近の研究は，集団所属性つまり自分と相手の所属している集団が同じか違うかだけでなく，有能性と人間性という2つを基軸としてもう少し細かく他者を区別しているらしいことを明らかにしている（ステレオタイプ・コンテンツ・モデル；[21]）．すなわち，広い意味での能力評価と好悪感情を基に，人間的にあたたかく好感がもて能力が高い他者（この研究が行われた米国においては，大学生や白人中産階級がその例としてあげられている），能力は高そうだが人間的に好きになれない他者（同様にアジア人やユダヤ人など），好感はもてるが能力的には評

価しない他者(高齢者やベビーシッターなど),能力的にも人物的にも評価しない他者(路上生活者や薬物中毒者など)のタイプを区別し,態度を変えているというのである.

ここで,米国で行われたある実験を紹介しよう.実験参加者に課せられた課題は,次のようなものである.ブレーキの壊れた電車が坂道を転げ落ちてくる.その先には5人の男が線路工事をしている.このままでは5人とも死ぬ.歩道橋の上からそれを見ているあなたの横で,もう1人大きな男が身を乗り出してそれを見ている.もしこの男を突き落とせば男は死ぬが,電車はそれによって止まり工事中の5人は助かる.さて,あなたはこの男を突き落とすか？ 通称「歩道橋のジレンマ」と呼ばれている思考実験用のこの問題は1人と5人の命を天秤にかけて考えるものだが,多くの人は突き落としに躊躇する.たとえ5人の命の救助という目的があっても,人の生きる権利を手段として奪うことを善しとしないからである.

ある研究では,場面と人数だけが情報として与えられる基本版に,登場人物がどのような人かという情報を加え,歩道橋の隣の男と工事中の5名の男のタイプをいろいろと変化させた.たとえば隣の大男が高能力・好人物で工事中の5名が能力・人物とも低評価タイプであったとき,あるいは逆だったときなどさまざまな組み合わせを設け,隣の大男を突き落とすことはどの程度容認できるかの判断を求めたのである.同時にfMRIを用いて脳の活性化も測定した.その結果,能力・人物どちらも低評価の男を犠牲にして高能力・高好感度の5人を救うという組み合わせの心理的抵抗が一番小さく,相対的に最も容認されることが明らかになった.「いい人たち」5人を救うためなら,「だめな人」1人くらい犠牲にしても仕方ない,というわけである.

この実験は,共感そのものを直接取り上げているわけではない.しかし,異なるタイプの人の命を天秤にかけると,自分が好感情を抱く人々のそれは他のタイプの人々のそれより重いと感じるわけであるから,存在そのものに軽重をつけ,自分が大切に思う人を救うために犠牲とされる人の苦痛・苦悩はそれほど問題にしないという姿勢を読み取ることができる[22].

考えてみれば,私たちは真空地帯に生きてはいない.眼前に居ながら自分にとって何の感慨も催さず無機質な他者であり続ける場合がまったくない

とは言い切れないが，例外的だろう．前述したように，ちょっとした表情やしぐさなどを手がかりとして，多くの場合初対面であっても何らかの好悪感情の対象にしてしまうのがふつうである．所属，職業，人種，階級，趣味など相手についての情報が加われば，自分サイドの人間かそうでないかの判断がより確信的になされる．よく知っている他者であれば，これまでの関係の経緯の記憶があり，それらはすべて他者にそれぞれの感情的色彩と味わいを与えている．その意味において，どのような他者なのかを持ち込んだこの研究は社会の本質をついており意義深いと言える．共感は他者の心中を我がことのように感じ取り，向社会的行動へ向けて動機づけを高める一連の過程の起点となるものとされてきたが，近年の研究は，誰かの「苦境」ではなく，「苦境」にあるのが誰かということへの反応であることを明らかにしつつあるのである．

2-3 シャーデンフロイデ

チカラ(Mina Cikara)たちは「気にいらない」者に対するこのような差別的傾向についてさらに明らかにしようとし，場合によっては他者・他集団の不幸や苦痛に対する共感が低いだけでなく，むしろそれを喜びとして感じるという報告をしている[23]．この種の喜びは，シャーデンフロイデ(Schadenfreude)と呼ばれている．「いい気味だ」「ざまを見ろ」「他人の不幸は蜜の味」という日常的な表現が感覚としては近いかもしれない．

彼らが行った実験はこうである．たくさんの人物写真からあらかじめ，先の4タイプに相当する写真を選んでおく．出来事はよいもの，どちらとも言えないもの，悪いものの3タイプを用意した．そしてその写真と簡単な出来事の説明を組み合わせ，1セットずつ実験参加者に見せる．たとえば，「美味しいサンドウィッチを食べた(よい出来事)」，「何回か続けてあくびをした(どちらとも言えない出来事)」，「通りがかりのタクシーに泥水をかけられた(悪い出来事)」などの出来事を，老女や威圧的な感じの金融マンなどの写真と組み合わせてスクリーンで呈示する．参加者は，その都度どの程度気の毒と思った(feel bad)かを回答する．その結果，高地位で有能そうで参加者から見ると妬みの対象になりそうな(威圧的な金融マンのような)タイプの他者

と悪い出来事の組み合わせの場合は，他のタイプの他者に悪い事が起きた場合に比べて，気の毒と思う程度が最も低かった（図1参照）．マークされた回答では，「まったく気の毒だと思わない」わけではなく，少しは「気の毒」だと思ったというレベルだった．

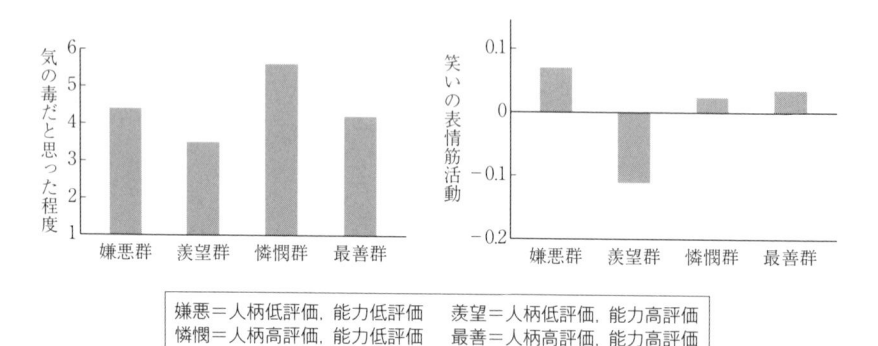

嫌悪＝人柄低評価，能力低評価	羨望＝人柄低評価，能力高評価
憐憫＝人柄高評価，能力低評価	最善＝人柄高評価，能力高評価

図1（左） 悪い出来事が嫌悪タイプ，羨望タイプ，憐憫タイプ，最善タイプの人に起きたとき，気の毒に感じた程度．文献[24]より．
図2（右） 笑いの表情筋の活動．
マイナスほど笑っていることを示している．文献[24]より．

ところが，併せて行われた表情筋の測定では，この妬みの対象となりやすいタイプの人に悪いことが起きた場合に微笑が検出され，むしろ積極的に喜びを感じていたことが明らかになった（図2参照）．他人の不幸や不運をあからさまに笑い喜ぶのは社会的規範に反するため，「気の毒」評定ではその表明は抑制されたのだろうが，意思による統制がより働きにくい生理的反応は，明白なシャーデンフロイデを示していた[24]．この「他者」は高地位で非協力的で，さらに言えば見ている側の人物が脅威感を抱いてしまうような，それゆえに妬みの対象となりうる他者であった．日頃偉そうにしている高慢な人がバナナの皮で滑って転びそうになったら，見ている人は思わずニヤッと笑いそうである．自己を脅かす他者に対して共感は抱きにくい．それが枯れかけた高齢者のように，自分が何も脅威を受けずに済む人だったなら，相手の不運や災難に共感を感じるだろう．

気にいらない者，自分を脅かす者の代表は「敵」である．限りのある資源

をめぐって競う相手の不運や不幸には，共感するどころか，報酬と同じ類の喜びを感じることが報告されている（例として[25]）．

3 状況要因——共感ギャップ

共感の話には，共感される側と共感する側の少なくとも2名の登場人物がいる．ここでは両者の心の状態に焦点をあてることにしよう．

同じ状況で困り果てている者同士だとそのつらさがよくわかり合えて，心理的にはとても救われるかもしれない．もし今苦境にある人に対して苦境にいない人が共感してくれれば，そのような人はエネルギーなどにより余裕があるから，心理的な支えに加えてより現実的な支援・援助を提供してくれそうである．ところが，異なる心理状態にある者同士では，共感が成立しにくくなるということが明らかになってきている．これは，ホット—コールド共感ギャップ（hot-to-cold empathy gap）（以下，「共感ギャップ」と省略する）と呼ばれている[26]．

トルストイによる『イワン・イリッチの死』の主人公は社会的地位と富を築いてきたが人生の半ばで病に冒され，死を迎えつつある．彼は激痛に苦しみもがくが，家族はその苦しみにそれほど共感を示さない．この場合，激しい疼痛という苦痛の経験がhot状態，家族にはその経験が欠如しておりcold状態ということになる．より一般化した言い方をすれば，hot状態とは身体的覚醒を伴うような強い情動を経験している状態，cold状態とはそのような状態にないこと，つまり落ち着いた平常状態にあることである．共感ギャップのポイントは両者のその差分（ギャップ）にある．hotからcoldであっても反対にcoldからhotであっても，自分の今の感情状態とは異なる感情状態にある他者の感情やニーズを想像することが難しくなり，共感を示さない傾向が強まる[27]．

ある研究は人工的に異なる感情状態を作り出した[28]．実験参加者を3つのグループに分ける．1つは，コンピュータのゲームに参加するが画面上でボールが自分のところにほとんど回ってこない擬似的仲間はずれを体験する

苦痛グループ．これは実際に体験してみると，本当に仲間はずれにされているかのような現実感がある．もう1つは，ゲーム参加者にほぼ均等にボールが回ってくるもので，平等に扱われていると思える苦痛経験なしグループ．最後の1つは，このゲーム段階には参加しない基準グループである．次に各グループは，長期間社会との接触を絶たれてしまった監禁された人のストーリーを読み，苦痛度やそのような扱いの非倫理性について評定した．その結果，苦痛グループは他の2つのグループに比べてより強く監禁は苦痛だからこのようなことは止めるべきだと答えた．つまり，自分も仲間はずれという痛みを経験した場合に，同じような社会的孤立の苦痛を抱える者への共感が示された．しかしそのような苦痛をその時点で感じていない場合すなわち cold にある場合，監禁された人への共感はおきにくかった．

では，同じような経験をしたのが現時点でなく過去の場合はどうだろう．過去経験は，仲間に入れてもらえない人の気持ちに共感するのに役立つだろうか．後続の研究でも，参加者は3グループに分けられた．第1グループは氷水に手を浸しながら，第2グループは室温の水に手を浸しながら，極寒の地に抑留された人の話を読む．第3グループは，氷水に手を浸すがその後水から手を抜いて10分間別課題に取り組み，それから抑留者の話を読む．過去経験の効果を調べるために設定されたのが，この第3グループである．結果は，第3グループと第2グループはどちらも抑留者にあまり共感を示さず，第1グループすなわち回答時点で低温の痛さをまさに感じている人だけが高い共感を示した．第3グループはわずか10分前まで低温を経験していたのに，低温を経験していない人と同じく効果がなかったのである [28]．過去に同じような経験をしたからといって相手の心をよく感じ取れるとは限らず，「のど元過ぎれば熱さを忘れる」であったことを示している．

共感ギャップは，実験研究や歴史上の逸話だけに留まらない．日常生活において，患者と医療従事者，求職者と就職支援担当者，いじめを受けている子どもと話を聞く大人，育児の悩みを抱える妻と深夜帰宅した夫など，いずれも強い感情状態にある前者の心からの訴えが，そうではない状態にある後者に向けられる．だが，苦痛の訴えがそれ相当のものとして相手に響かず，それほど強い共感を引き起こさないことがある．苦痛状態にある者は「わか

ってもらいたい」のに「わかってもらえていない」と感じ，元来の苦痛の上に「わかってもらえない」苦痛が加わり，「事務的な対応」「冷たい」「無理解」などの非難めいたことばが時に相手に向けて発せられることになる．先のイリッチは，家族が共感してくれないことに失望し，自分のそれまでの人生の意味に疑問を抱く．一方の非常に強い苦痛状態と，他方のその状態にない者とが，立場を異にしながらしかも向かい合わねばならない関係にあるとき，共感の「需要―供給」バランスが崩れる可能性が高くなる．共感はする・しないのどちらかではなく，程度や質が重要である．期待に見合うほどのものを相手から得られないとき，関係そのものが新たな苦痛の源となり，事態が一層深刻化することもある．

4 共感の被操作脆弱性

4-1 メディアによる情報提供

　古い時代においては，人々の交流は自分を中心点とする比較的狭い世界にほぼ収まっていた．共同体内の人々は価値観・文化を共有し似たような暮らしをしていたから，遭遇する困難や不幸も似たり寄ったりであった．またそれは眼前で起き，直接把握できるものであった．しかし，グローバル化が一層進行する今日，世界は急速に拡大しており，私たちは地球規模で生きることを余儀なくされている（例として[29]）．それは直接自分で把握できる範囲だけでなくその外側にいる人々，暮らしぶりや価値観などがあまり似ていない「異質な他者」も「共にある他者」となったということである．

　直接交流が困難な地域の情報は，少なくとも第1段階としては，メディアを通して伝えられる[29]．メディアにはメディア産業界の論理や思惑があり，提供する情報選択とその提供の仕方が操作される．あるジャーナリストは，同じような飢餓でも「スーダンではなくソマリアを取り上げるのは，写真になるからかもしれない」と述べている[30]．売れそうもない情報は棄捨され，商品価値があると判断された情報だけがメディアに登場する．情報の消費者としての一般市民は，メディアによって提供される情報に基づいて世界を理

解し,「これを」と差し出されたものに共感することになる.

4-2 数の問題──大規模集団 vs. 個人

「私は大規模集団を見るときは動かない．1 人の個人がそこにいるなら，手を差し伸べる」
マザー・テレサ([31]p.80)

　共感は自発的な心の働きであり，どのような場合にどのように共感するかあるいはすべきかについて，他人が口を差し挟むことはできない．そのことを認めた上で，生命が危機に瀕している事態・状況にある他者に対しては，人として共感を抱いてしかるべきだと考える．これは，指先を切って痛がっている人に共感する，失恋した若者に共感するなどとは違って，生命という普遍的価値に関わる問題だからである．

　生命の重さは(近代の理念では)1 人 1 人平等であり，30 人いれば 30 人の重さ，1 万人いれば 1 万人の重さとなるはずである．しかし，マザー・テレサのことばにあるように，苦境にある他者が大規模集団・多人数であるとき，私たちの心はそうは反応しない．現代では，大規模問題は自分自身が直接その場に身を置いて知るより情報メディアを通じて伝え聞くことが多い．ところが，メディアが伝える「10 万人の犠牲者」などという情報は，私たちには単なる統計値としてそれが意味するところを真に理解できず，従ってその重大さを受け止め損ねる傾向があり，共感をあまり呼び起こさないようだ．

　それを示した研究がある[32]．参加者にはまず，本来の実験目的とは無関係な質問に回答を求め，報酬として 5 ドルを渡した．実際にはこれが寄付の資金源となるための工夫である．それから「もしよかったらアフリカの飢餓の子どもを救うために寄付をしてほしい」と持ちかける．このとき，情報の伝え方を 3 つの条件で設定した．第 1 は，アフリカの飢餓についておよその人数や飢餓状態などを説明した紙面を読ませる「統計値」条件である．第 2 は，ある幼い 1 人の少女がいかに飢餓を経験しているかについての短い紹介文を読ませるもので，その子が生身の人間であることを参加者にイメージさせる「個人化」である．そして第 3 は，第 1 条件と第 2 条件の情報を併用する「統計値＋個人化」条件であった．参加者は 3 つのうちのどれか 1 つに割

り当てられた．その結果，最も高額の寄付を集めたのは個人化条件であり（図3），どの程度心が痛んだか，かわいそうだと思ったかなどの心理変数も寄付金額と連動していた．

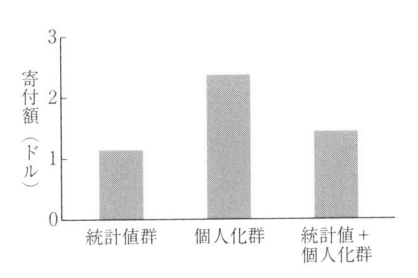

図3 犠牲者についての情報の与え方の違いが寄付額に及ぼす影響．
大勢の犠牲者がいるとき，犠牲者数や被害総額などの統計数値を呈示しても相応の共感が得られにくく，ある特定の個人がいかに大変な目にあっているかを伝えた方が効果的であることを示している．文献[32]より．

　向社会的行動への動機づけに関連するとされている共感や同情などの感情の生起には，犠牲者への注意とイメージが必要であるとされている[31]．災害や事故・事件の多数の犠牲者でなく，1人のかわいそうな少女の方が多くの人の涙や支援を得たりすることがあるのは，それが私たちにとって理解しやすいストーリーとして仕立てられ注意を寄せやすく，いかに気の毒かイメージしやすいからである．反対に犠牲者数や被害額などについての情報は抽象的でそこから他者の苦痛をイメージする手がかりとはなりにくく，日常の膨大な情報の中に埋まり込んで，人を動かすことにつながりにくいと考えられる．

　個人化され物語化された1個人に対しては共感するものの，それより遥かに多くの命が脅かされ消されていくことにはあまりピンと来ずにしばしば素通りしてしまう，というのは考えれば不可解である．第2次世界大戦時，ナチによるホロコーストで奪われたのは約600万人の命である．終戦後，このような惨事は二度とあってはならない(never again)と世界は強く誓った．しかし，それ以降もカンボジアやコソボ，ルワンダなど世界各地で大規模殺戮が幾度も(again and again)繰り返されている．さらに，飢餓，難民キャンプ，貧困など長年解決が求められながら，人々の悲しみと苦しみの日々が

果てしなく繰り返されている問題も多い．

　実際には「アフリカの飢餓」があるのではなく，1人1人のつらく苦しい生がある．しかし，日々自分の暮らしで忙しい私たちにはそれぞれの人を思い浮かべることは認知的負荷がかかることもあって難しい．そして，顔のない凝縮され過ぎた「犠牲者数」だけがメディアに登場しては消え，向き合い思いを寄せる共感の対象となることはほとんどない．あるいは，特定の犠牲者のストーリーが人々の関心を呼び，紛争・対立ではなく，「気の毒でかわいそうな○○さん」問題にすり替わってしまい[33][34]，そうしているうちに紛争・対立の犠牲者がさらに増える状況から注意がそれてしまう傾向がある．共感は，拡大した社会に遍在する問題が第三者の手を通してどのように呈示されるかに依存するという側面があり，操作に対して脆弱である．

4-3　共感と注意

　共感の研究では，注意(attention)の問題はあまり取り上げられていない．これは共感の性質やメカニズムを明らかにするためには，まず共感が起きるような事態，共感の対象となる人物を呈示しなければならないからだと思われる．実験室では多くの場合，映像やシナリオによって「困っている他者」が与えられ，その人物に注目し窮状に注意を払うよう導かれ，それに対して起きる反応が測定される．他方，現実の世界では苦難を抱える人は膨大な数に上る．私たちが共感するのは，たまたま注意をひいたその中の1人もしくは少数の人に限られる．注意はその性質上，世界のどこかの小さなパーツに向けられると他は注意対象外となる傾向があり，私たちはすべての人に同時に注意を向けることはできない．

　共感と注意に関連する数少ない研究のうちの1つ，ある研究では，ターミナル・ケアを受けている余命いくばくもない難病の子どもの話を参加者に紹介した[35]．さらに，最近開発された高価な薬を使えば，不治の病の進行を遅らせることができ手足がかろうじて動く状態を維持できると説明する．参加者は，子どもがどのような思いでいるか，どう感じながら最後の時を過ごしているかを考えるようにと指示される高共感群，書かれている話を客観的に理解するように指示される低共感群に振り分けられ，その子への気持ちを

まず回答する．その後，難病支援団体が症状や余命などの点から緊急度の高い順に高価な薬代を援助しているが，予算制約上この子はリストの下のほうに位置しており，まだ順番がまわってこないこと，投薬がなければまもなく手足が動かなくなること，もし多くの人の支援があれば，支援団体がこの子の優先順位を上げてくれること，そして嘆願書に記入すれば大学が取りまとめてその団体に届ける用意があることを伝えた．その結果，嘆願書に記入した参加者の割合は高共感群で多かった(表1)．すなわち，1度ある人物に共感すると，同じ程度のあるいはより高い必要度の人が他にもいるという事実が頭の隅に追いやられ，全体を視野に入れた適正な判断が妨害されたのである．

表1 共感対象に特別配慮を願った者の割合．

共感の条件	
低共感群	高共感群
34%	73%

ある対象人物に強く共感した場合は，他にもっと優先させるべき人物がいることを知っても，何とか共感対象を救いたいと多くの人が考えてしまうことを示している．文献[35]より．

このような話は，実験室の外でも起きている．特に，メディアが特定の個人にスポットライトを当てると，その個人への共感から，全体的視野からの困難度必要度が考慮されずに種々の援助・支援がそこに集中し，共感・支援を待つ緊急度の高い他の人々が，私たちの視界から消え不可視となる傾向がある．これは共感自体が他者によって操作される危険性の他，共生社会における正義や公正を侵す危険性をもつ可能性を示唆する．つまり，ある人への共感がより大きな社会の視点からは向社会的(prosocial)とは言い難い状況を作り出す可能性があることになる．

5 共感と現代の共生社会

　共感は他者が何らかの意味で困った状態にあるときその心情を感じ取り，自分のことを時には犠牲にしてまでも援助や支援をしなくてはという気持ちを引き起こし，行動を後押しするように働くとされている．しかし，ここから共感は本来的に向社会的で愛他的でそれゆえ道徳的だと考えるのは早計に過ぎる．

　第1に，これまで既に見てきたように，共感は相手を選ぶからである．私たちが共感すべきは，事件や災害災難などにおいて窮状に陥っている誰かの心情であり状態である．言い換えれば，どのような状態にあるかであり，この「誰か」の椅子には「すべての人」が座ることができるはずである．痛みを例にとるなら，「誰であれ痛がっている人」に共感が寄せられてしかるべきである．また，共感能力は生物学的基盤に支えられているなら，苦痛に対して自動的に共感が生起し，援助に向けて背中を押すだろうと期待される．しかし，共感は対象がどのような状態であるか，どれほど他者からの共感を緊急に必要としているかではなく，それが誰なのかが重要な調整変数となる．共感の対象となるのは内集団や好意を抱くことができる他者であり，それらに該当しない他者へは共感が弱い．進化心理学の立場からは，共通属性など何らかの類似性は相手が自分と類縁関係にあるという判断手がかりとなり，それら類縁関係者を援助する動機づけを高めるのではないかと論じられている[36]．外集団や自己を脅かすような他者に対しては，相手の苦境が共感を呼び起こさないどころか，時にはシャーデンフロイデを引き起こしむしろ蜜の味がする「報酬」として受け止められる．

　共感は好意をもつことができるような他者に対してのみ起きるとしても，それをとくに問題だととらえない人がいるかもしれない．多くの人は家族や友をもちそれらの人々から愛されているなら，それぞれの親密圏の輪の内側で相互に共感を交わし合えばそれで十分だという考え方は確かに成り立つ．その中で人々は共感を通してwell-beingを高めれば，その積算としての社

会全体の well-being は向上するはずである.

　しかし，これは各小集団が他とはあまり交流をもたず比較的独立に暮らせるという条件でのみ成立する．たとえば，原始社会のように，隣人とは同じ集団の所属メンバーで運命を共にする人々のことを意味した時代においては，飢えや傷害などで苦しむ仲間への共感は心理的にも実際的にも適応の促進に有用であったであろう．しかし，人々の生をまるごと包み込んでいた共同体はすでに消滅し，今日の社会は地域や国家という旧来の枠組みを超えて社会・経済などの関わりが広がるグローバリゼーションの進んだ拡大した社会である．ごくわずかな例外を除いて小さな集団内で閉じた暮らしはほぼ不可能に近く，「異質な他者」とも共存せざるを得ない．それは文化交流や貿易の発展などのプラス側面をもたらす一方，経済格差の拡大や紛争の世界的関与などマイナス面をもつ．お互いに無関係ではいられないが，世界中が一挙にさまざまな違いを超えて調和的友好関係を成立させられるわけでないことは，近年の世界情勢が示している．そのような社会において，資源や格差や価値観の正統性などをめぐって異なる集団が衝突し，内集団から犠牲者が出た場合には，"我々"仲間の犠牲者への共感，不安・恐怖を感じている仲間への共感ゆえに内にわき上がる怒りや恨みが外集団に向けられ，対立さらには紛争を一層激しいものにしていく可能性がある．

　第2に，より小さな規模の対人関係においても，自己と他者の類似性―非類似性によって共感は左右される．強い感情や感覚経験の落差が二者間で微小であれば共感の生起に支障はないが，著しい落差がある者の間では，一方が異なる状態にある他者に共感するのは困難である．このような共感ギャップは，一般には状況依存性の枠組みの中で理解されている（例として[26]）．確かに不快温度や疲労などは一時的状況として変動しやすく，それゆえまたクール（cool）状態への復元もしやすいだろう．しかし，状況の違いがより慢性的な場合も考えられる．食糧が十分ではなかった時代，民衆は常に空腹であり，王侯貴族は恒常的に飢え知らずだとするなら，「ケーキを食べればいいのに」と言ったとされる王族の飢えに対する共感のなさは，状況依存的な自己-他者の非類似性による共感ギャップだけでなく，上記の内集団-外集団における恒常的な自己-他者の非類似性による共感不発とも限りなく重なり

を強めた結果と解釈することができる．要するに，共感ギャップであれ，内集団-外集団の非類似性であれ，どちらも自分の知らない世界のことには共感が及びにくいことを示していることになる．

　第3に，共感は操作に対して脆弱である．自己の周囲に広がる世界が世界のすべてであったかつてのような時代には，眼前の他者の窮状への共感はその人への援助に向かわせる麗しいものであり得たかもしれない．多くの場合，眼前の他者は自分と生活空間を共にする類似した他者，人種や生活習慣や言語などの点で共通性をもつ他者であり仲間である蓋然性が高い．しかし，今日，世界は拡大し，多様な人々が1つの世界に共存しなければならなくなった．そして，そのような世界には共感や援助を必要とする人々が多数存在するが，日常的接点はほとんどなく，お互い知識を持ち合わせていない傾向にある．私たち日本人の多くは，たとえば中央アフリカにどのような人々がどのように暮らしどのような問題に直面しているか何を感じているかはほとんど知らない．援助できる余裕をもつ人々から遠く隔たったところに共感と援助を必要とする人々が偏在している場合，後者は前者には見えない(invisible)，すなわち存在していないのと同じ状態に置かれたままになる．

　それを発見し情報に変換して伝達する役割を担うのはメディアである．その際，メディア業界や政治・経済の論理により，ニュースの商品価値に照らして，あるいは国益や業界益に照らして，何を発見するか，どのような情報にするかなどが取捨選択され操作される．それゆえ，一方ではいつまでも「発見」されずに埋もれたまま惨状や窮状にある人々があり，他方同様の状態にある大勢の中のスポットライトに照らし出され物語を付与された特定の個人だけが共感の対象となるといった不均衡や格差が生じる．それによって，人々の間で嫉妬や憤怒や新たな対立葛藤が起きるとすれば，共感は善や向社会性とは言い難いものとなりうる．

　路上で泣き叫ぶ赤ん坊はその先にある村を黙殺することにつながりかねない，というたとえを挙げて，社会的視点をとるとき共感はむしろ多くの問題解決の妨げになる，と哲学者プリンツ(Jesse J. Prinz)は述べている[37]．つまり，特定の人物や事象に対する感情とその状態改善への動機づけは，全体を見て考え緻密な計画を立てることを妨害抑制する，というのである．メデ

ィアによって目の前に差し出された赤ん坊の正体を見極め，その先の村がどのような状態であるかを知ろうとする態度が必要だろう．

6 まとめ

　個人的親密圏においては，共感してくれる友ほどありがたいものはない．特に，伝統や慣習や宗教が強力な指針を提供できなくなり多くのことが自己責任という語の下で個人に課せられる時代にあって，つながり寄り添いを可能にする共感はあたたかで望ましいものとして私たちの目に映る．しかし，このような好意で結ばれた親密な関係における共感を今日の社会という視点から見るとき，それがまとっていた善やモラルの美しい輝きはたちまち後退する．苦難を抱える他者に共感が起きず，共感ゆえに報復や差別が行われ，共感ゆえに意図せぬうちに正義や公正を歪ませているという事態が起きうるからである．

　他者の心を感じ取って理解しその安寧福祉に心を砕こうとすることは，人々が共にあり共に生きる上でとても重要である．つながりの礎はそこにあるからである．共感の神経的，感情的，認知的，社会的性質をより深く理解し，共感が全能神のようにあらゆる人をあたたかく救い，常に社会をよい方向へ導くものとは限らず，場合によっては人を傷つけ正義を歪ませるという限界を知る．そのことを起点としながら，世界のさまざまな問題を解決するには，個人的な心情だけに依存せず，客観的な視点と冷静な判断と粘り強い対話の大切さを一層認識することが重要なのかもしれない．共感能力をどのように生かし，あるいはどのように介入すればよりよい世界を作り上げていけるかを考えることは私たちに課せられた大きな課題である．

第5章

共感と自閉スペクトラム症

　自閉スペクトラム症(自閉症)は,対人コミュニケーションの広汎な障害によって特徴づけられる.本章では,自閉症者の共感性の障害に関連した実験研究の結果を概括しながら,「共感」と呼ばれる現象の背景にある認知メカニズムについて考察していきたい.

1　自閉症の臨床像と共感

　自閉スペクトラム症(以下,自閉症と略す)とは,対人行動やコミュニケーションの発達といった社会性の障害,および常同行動や「こだわり」と呼ばれる行動や興味のパターンによって定義される発達障害である.対人コミュニケーションの困難さが自閉症の主要な診断基準の1つであることから,自閉症者が他者をどのように理解するか,自閉症者が他者とどのように関わるのかといった,自閉症者の社会的認知,社会行動に関する研究は数多く行われている.

　自閉症の診断基準には,共感に関するものも含まれている.たとえば,DSM-5[1]の診断基準に含まれる「楽しみや興味,達成感などを他人と分かち合うことを自発的に求めることの欠如(例:興味のあるものを見せる,持

ってくる，指さすことの欠如)」という臨床像は，共感の障害として捉えることも可能である．

　自閉症者の共感性障害の基盤となるメカニズムに関しては，これまでにさまざまな議論がなされている．最も有名なものは，バロン＝コーエン(Simon Baron-Cohen)やフリス(Uta Frith)らによって唱えられた「心の理論障害説」あるいは「マインドブラインドネス説」であろう[2]．これは，他者の行動から心的状態を読み取る認知能力，「心の理論」の障害として自閉症を捉えるものである．共感性が発現するためには他者の内的状態を同定する必要があるため，心の理論の障害は共感性の障害に直結することが考えられる．

　また，いわゆる「壊れた鏡」説[3]では，自閉症の障害の基盤として「ミラーニューロンシステム」を想定している．自他マッチングの神経基盤の1つと考えられているミラーニューロンシステムの発達に障害が見られるのであれば，結果的に共感性の発達にも障害が見られることが予測される．

　さらに，マインドブラインドネス説の提唱者であるバロン＝コーエンによって提案された「E-S説」[4]は，共感性(empathy)をパーソナリティなどと同様な，連続的な分布を持つ個人差として捉えている．自己評価式の質問紙によって測定される"共感性"には性差が見られ，女性は男性よりも高い．また，自閉症者は定型発達者と比べてさらに共感性が低い，という報告もなされている．バロン＝コーエンは，この「共感性の低さ」と，「システム化傾向(systemizing，事象をシステムとして体系的に捉える傾向)の高さ」という2つの特徴によって自閉症を記述することができると議論している．

　これらの理論は，自閉症者における共感性の障害を単純なメカニズムによって説明しようとする試みであり，数多くの実証研究を生みだす源泉となった．ところが，これらの実証研究から得られた知見には，それぞれの理論を支持するもの，しないものの両者が見られることから，いずれの理論にも予測可能性，一般化可能性に相当な限界が見られることも示唆されている．

　本章では，自閉症者の共感性障害を単一のメカニズムとして扱うのではなく，「共感」という現象を構成するさまざまな社会的認知処理のそれぞれに焦点を当て，自閉症者におけるそれらの社会的認知の様相について個別に議

論する．共感を定義するのは困難であるが，本章ではバロン＝コーエンによる，「他者の心的状態（感情や思考など）を同定し，それに対して適切な感情的反応を引き起こす傾向」という定義に基づいた議論を行う．この定義には，他者の心的状態を同定するという認知的共感，それに対して適切な感情的反応を引き起こす情動的共感の2つが含まれる．また，たとえばブレア(R. James R. Blair)による共感の定義には認知的共感，情動的共感に加えて他者の動きに自分の動きを合わせる傾向，運動的共感が含まれている[5]が，本章では運動的共感も"適切な反応"の一部として，情動的共感に含めて議論する．

2 認知的共感——他者の心的状態の検出

認知的共感は，他者の内的状態を同定する認知能力として定義することが可能である．この認知能力は，一般的には「心の理論」と呼ばれている．共感という現象において，心の理論（あるいは認知的共感）は共感を引き起こす信号を他者から検出し，処理するという「入力」の部分に相当するとも言える．

本節では，認知的共感に関わるメカニズムとして，他者への定位反応，他者の表出行動の認識，他者の心的状態の認識のそれぞれについて，自閉症者における特徴を概説し，議論する．

2-1 他者への定位反応

共感を引き起こすために必要な最初の反応は，他者に"気づく"ことである．相手に気づき，注意を向けることなしには，相手の気持ちを読み取ることはできない．さらに，共感を引き起こすためには，相手に注意を向けるだけでは不十分であり，相手の感情表出が起こりやすい部位に注意を向ける必要がある．特に，相手の顔は表情や視線など，相手の心的状態を読み取るのに有効な手がかりが表出されていることが多いため，相手の顔に注意を向けることは共感を引き起こすのに有効なメカニズムであると言える．

目が合いにくい，相手の顔を見ないというのは，自閉症者に特徴的な臨床像の1つである．この臨床像に関しては，自閉症者が積極的に他者の顔を忌避しているという説，自閉症者が定型発達者[*1]のような他者の顔への注意を持たないだけであるという説の両者があるが，現時点での実証研究は主に後者の説を支持している．

　たとえば，菊池らによって行われた研究[6]では，「変化盲」という現象を用いて，他者の顔に対する注意と顔以外のモノに対する注意を，自閉症児と定型発達児との間で比較している．この実験では，複数の顔やモノが配置された刺激を2種類用意し，一定の間隔で交互に呈示する．2種類の刺激は1カ所だけ異なっており，顔やモノが別の顔やモノに入れ替わっていたり，顔やモノの位置が少しだけ違っていたりする．実験参加者には，刺激系列のうちどこが変化しているのかを当てる，いわゆる「間違い探し」を行うことが課せられる．この実験の結果，定型発達児は顔の変化をモノの変化よりも素早く，正確に検出することが確認されている．この結果は，定型発達児が他者の顔に自発的な注意を向けていることを示唆している．

　一方，自閉症児は顔の変化とモノの変化を同じくらい素早く，正確に検出することが確認されている．このことは，自閉症児は他者の顔から積極的に注意を背けているわけではなく，顔とモノとに同じ程度の注意を向けていることを示唆している．一方，複数の顔やモノが存在する場面で，他者の顔に対して特別な注意を向けないという視覚認知の様相は，日常場面で他者の顔に（定型発達児と比べると）自発的な注意を向けにくい，という自閉症児の臨床像とも一致する結果であると言える．

　さらに，菊池らは自閉症者が他者の顔やモノに向ける注意を，「ギャップ課題」を用いて検証している[7]．ギャップ課題とは，注意の維持の強さを検討する課題である．一般的な実験場面としては，刺激呈示画面の中央に「注視刺激」を呈示し，実験参加者の注視を促した後で，画面周辺に「標的」を呈示する．実験参加者には，標的にできるだけ素早く定位反応を行うことが課される．また，この課題には標的の呈示前に注視刺激が画面から消える「ギャップ条件」と，注視刺激が実験参加者の定位反応時まで呈示され続ける「オーバーラップ条件」の2条件が設定される．標的の定位反応は，ギャ

ップ条件でオーバーラップ条件よりも速くなる．これは，前者では注視刺激からの注意の解き放ちが受動的に行われるのに対し，後者では能動的に注視刺激から注意を解き放つ必要があるためであると考えられている．この，オーバーラップ条件とギャップ条件での標的の定位反応速度の差を「ギャップ効果」と呼び，注視刺激への注意の維持の強さの指標として捉えることができる．

　菊池らの実験では，顔とモノを注視刺激として呈示し，ギャップ効果を測定している．その結果，定型発達児は顔刺激に対してより強いギャップ効果を見せるのに対し，自閉症児におけるギャップ効果の大きさは顔刺激とモノ刺激との間で違いが見られなかった．このことは，定型発達児は顔刺激に対してより強い注意の維持を見せるのに対し，自閉症児ではそのような選択的な注意の維持が行われていない可能性を示唆している．

　ところで，自閉症者が他者の顔を眺める際，定型発達者とは「目の付け所」が違う，という研究がある．定型発達者は相手の顔を見るとき，両目と口に視線を向けることが多く，注視点が両目と口を結ぶ「三角形」状に動くことが知られているが，自閉症者ではこのような注視行動が見られにくい，特に他者の目に注視する傾向が弱い，と報告されている[8]．自閉症者が他者の目を見る頻度が少ないかどうかについては研究間で一致が見られず，結論は出ていない[9]が，相手の目を見る傾向と顔への注意の維持との関連を調べるため，菊池らは上記のギャップ課題を改良し，実験参加者の注視が顔刺激の目の位置に促される条件，口の位置に促される条件のそれぞれを設定し，ギャップ効果を測定した．その結果，顔刺激の目の位置に注視が促された条件では自閉症児，定型発達児の両者とも顔刺激に対するより大きなギャップ効果を示し，口の位置に注視が促された条件では両群とも顔刺激とモノ刺激との間でギャップ効果の大きさに違いが見られなかった．これらの結果は，自閉症者における顔刺激への注意の維持の（定型発達児と比べての）弱さは，他者の目に自発的に注意を向ける傾向の弱さと関連している可能性を示唆している．

　しかしながら，自閉症児が他者の顔に向ける自発的な注意の特徴を，注視行動だけから説明しきることはできない．たとえば，上で紹介したギャップ

課題遂行時の脳機能を事象関連電位法によって計測すると，定型発達児は顔刺激に定位反応をするとき，モノ刺激に定位反応をするときよりも強い脳活動が見られるが，自閉症児ではそのような傾向は見られない．さらに，自閉症児が顔に対してモノに対するよりも強い注意の維持を示す「相手の目への注視を促した条件」においても，自閉症児の標的への定位反応に関連した脳活動には，顔条件とモノ条件との間で違いが見られない．このことは，行動上は定型発達児と同程度の顔への注意の維持を自閉症児が見せる場合においても，背景となっている脳機能には自閉症児と定型発達児との間で違いが見られる可能性を示唆している．

これら一連の研究は，自閉症児は定型発達児と比べて他者の顔に対する注意が弱いことを示している．一方，モノに対する定位反応や注意の維持は自閉症児と定型発達児との間で違いが見られない．これらの結果は，定型発達児は他者の顔に対し，モノに対するよりも強く注意を割り当てるバイアスが存在するのに対し，自閉症児にはそのようなバイアスが存在しないか，存在したとしても実験場面で検出できないほど弱い可能性を示している．

2-2 他者の表出行動の認識

共感という現象を引き起こす上で，他者への定位反応の次に必要になるのが，相手の感情や思考など，内的な状態の手がかりとなる表出行動を認識することである．たとえば，他者の表情を認識する能力は，直接観察できない他者の感情という「内部状態」を顔の動きという「表出行動」から推測する働きであり，共感の前提条件の1つとなり得る．

自閉症児と定型発達児の表情認識の特徴について，明地ら[10][11]は，表情と視線の相互作用という視点からの研究を行っている．過去の研究から，定型発達者が表情認識を行う際，表出者の視線方向が体系的な影響を与えることが報告されている．たとえば，喜びや怒りといった表情の認識は，表出者の視線が正面向きの際，よそ向きの視線の際よりも促進されることが報告されており，悲しみや恐怖といった表情は，表出者の視線がよそ向きの場合に促進されることが報告されている[12]．これらの結果は，怒りや喜びは「接近」を含意する表情であるため，同じく接近を含意する「自分に向けら

れた視線」と組み合わさることにより認識が促進されること，また，悲しみや恐怖は「回避」を含意する表情であるため，同じく回避を含意する「よそ向きの視線」と組み合わさることにより認識が促進されることが考えられる．なお，恐怖表情とよそ向きの視線との関連に関しては，再現できなかった研究も報告されている[13]．

　明地らは，こういった表情認識と表出者の視線方向との相互作用が見られるのかについて，自閉症児と定型発達児を対象に，行動と脳機能の両面からの検討を行った．その結果，定型発達児は定型発達成人と同じく，怒り表情の認識が「自分に向けられた視線」によって相対的に促進され，恐怖表情の認識が「よそ向きの視線」によって相対的に促進されることを確認した．一方，自閉症者の表情認識の全体的な正答率や反応時間は定型発達児と大きく違わなかったものの，定型発達児とは異なり，表情の認識に表出者の視線方向が影響を与えることはなかった．また，先に述べたように，自閉症児は相手の目に注意を向ける傾向が弱いことも報告されていることから，表情写真の目の部分を切り抜き，表出者の目を見ることが表情認識に必須となる実験条件で追加実験を行ったところ，この条件でも自閉症者の表情認識に表出者の視線方向が影響を与えることはなかった．さらに，事象関連電位法を用いた脳機能計測の結果からも，定型発達児の表情処理は視線方向によって影響を受けること（怒り表情の認識は自分に向けられた視線によって促進され，恐怖表情の認識はよそ向きの視線によって促進される），また自閉症児ではそのような相互作用が見られないことが確認された．これらの結果は，自閉症児に全体的な表情認識の障害が見られない場合でも，表情認識に関わる認知メカニズムが定型発達児とは異なっている可能性を示唆している．

　表情と並んで，他者の心的状態を推定する手がかりとなる表出行動に「視線」がある．人間は主に視覚によって情報を得るため，相手がどこを見ているか，何を見ているかという情報は，相手が何を知っているのか（知識），何をしようとしているのか（意図）といった心的状態を読み取るための有効な手がかりとなる．そこで，千住ら[14]は，他者の視線方向に注意を向ける傾向について，自閉症児と定型発達児との間で比較・検討を行った．この実験は，注意が向けられた場所に呈示された標的に対する反応が促進する現象を利用

した「手がかり刺激法」という実験手法を用いている．千住らが行った実験の結果，自閉症児は定型発達児と同じく，画面上に呈示された顔写真の視線方向に注意の移動を起こし，視線が向けられた側に呈示された標的の検出が，逆方向に呈示された標的の検出よりも速くなることが示された．この結果は，他者の視線方向を検出し，そちらに注意を向ける働きが自閉症児にも備わっていることを示している．しかし一方，自閉症児と定型発達児との間には違いも見られた．定型発達児では，他者の視線方向への注意の移動は，矢印のような非社会的な方向刺激によって引き起こされる注意の移動よりも強いことが示されている．ところが，自閉症児では，視線方向と矢印方向とで，注意の移動を引き起こす強さに違いが見られないことが確認された．この結果は，定型発達児は他者の視線に対して特に強い注意の移動を引き起こすというバイアスを有しているのに対し，自閉症児にはこのようなバイアスが見られないことを示唆している．

これら一連の研究結果からは，自閉症者が一見定型発達者と同じような表出行動の認識をしている際でも，定型発達者とは異なるメカニズムに基づいた認識を行っている場合があることを示している．これらの定型発達児とは異なる表出行動の認識は，顔刺激への注意を細かく統制した条件でも再現されることから，他者の顔への定位反応の非定型性だけから説明することは不可能である．

さらに，より難易度の高い課題を設定することにより，自閉症者における表出行動の認識そのものの困難さが実験的に確認される場合もある．たとえば，バロン＝コーエンらによって行われた実験[15]では，自閉症者は基本的な表情（喜びや怒り，驚きなど）の表情認識は定型発達者と同様にできるが，より微妙で複雑な表情（困惑や疑い，自信など）の認識が困難であることが示されている．

2-3　他者の心的状態の認識

感情や思考など，他者の心的状態を同定する能力である「心の理論」は，認知的共感の核を成す認知処理であり，認知的共感そのものであると言うこともできる．また，先にも述べたように，自閉症者における社会性の障害に

「心の理論」の障害が関連している，という議論は一世を風靡した．

　自閉症者における心の理論障害説の最も大きな論拠となっているのが，「誤信念課題」という実験手法を用いた発達研究である．この実験では，たとえば登場人物がいない間に対象物が他の場所に移される，という場面を実験参加者に見せ，登場人物が対象物をどの場所に探しに行くか，という質問をする．定型発達児において，4歳児の多く，5歳児のほとんどが，登場人物は彼または彼女が対象物を最後に見た場所に探しに行く，と答えることが知られている[16]．これは，登場人物は対象物が動かされたのを見ておらず，知らないため，対象物がまだ最後に見た場所にあるという"誤った"信念（英語のbeliefの訳語．「～と思っている」といった意味になる）を持っている，という推論に基づいていると考えられている．このように，他者の行動を知覚や知識，信念など，直接観察できない「心的状態」に基づいて理解し，予測する心の働きを「心の理論」と呼んでおり，誤信念課題に通過することはこの「心の理論」が使えていることを示すものである．一方，3歳以前の定型発達児は，このように質問に答える形の誤信念課題に通過することはできず，代わりに「登場人物は対象物が現在ある位置に探しに行く」と回答することが知られている．

　一方，言語発達が定型発達4歳児相当の自閉症児は，この誤信念課題に通過しないことが知られている[16]．このような誤信念課題通過の困難さは自閉症に特徴的なものであり，たとえばダウン症候群など他の発達障害を抱える子どもは，誤信念課題に選択的な困難さを示さないことも知られている．さらに，自閉症児が誤信念課題において示す困難さは，教示の理解や場面の記憶などの要因では説明できないことも知られており，これらの知見が「自閉症児は心の理論に特異的な障害を持つ」という説の基盤となっている．

　ところで，自閉症児は心の理論のすべての側面において障害を見せるわけではない．まず，自閉症児は相手の行動から「意図」や「目的」を読み取ることには障害を見せないことも報告されている．カーペンター（Malinda Carpenter）らによって行われた実験[17]では，自閉症児および定型発達児に「失敗した試み」と呼ばれる行為を呈示し，行為の再現を要求する．たとえば，ペットボトルのふたを開けようとして開けきれず，手がふたのまわり

を空回りするような行為，また，ダンベルからおもりを外そうとして外すことができず，手がダンベルの横をかすめるような動きを「失敗した試み」と呼んでいる．こういった行為を観察した自閉症児は，定型発達児と同じく，観察した行為そのもの（ペットボトルのふたのまわりで手を回す，ダンベルの横を手でかすめる）ではなく，それぞれの行為の「目的」（ペットボトルのふたを開ける，ダンベルを外す）を自身の行動として再現することが報告されている．この結果は，自閉症児が定型発達児と同じく，他者の行動からその「目的」を読み取ることができることを示している．また，ファルク＝イッター（Terje Falck-Ytter）は，他者が対象物に手を伸ばす行動を自閉症児に見せ，そのときの自閉症児の目の動きをアイトラッキングにより記録した[18]．その結果，自閉症児も定型発達児と同じく，相手の手の動きを「予期する」眼球運動を示すことが確認された．これは，たとえば相手の手が対象物に到達する前に，その動きを予期して対象物に視線を動かす現象であり，相手の行動から「目的」を読み取り，予期していることの傍証であると考えられている．

　さらに，言語発達が進むにつれ，自閉症児も誤信念課題を解けるようになることも知られている．言語年齢が11～12歳を超える自閉症者は，定型発達者と同程度の誤信念課題の通過率を見せる．このことは，自閉症児・者における誤信念理解の発達には定型発達児よりも高度な言語能力が必要であることを示しているが，同時に言語発達によって誤信念理解も可能になることを示している．しかし，誤信念課題に通過する自閉症者にも対人行動やコミュニケーションの困難さは残存するため，「心の理論」の有無だけでは自閉症者の社会性障害を説明しきれないことも事実であると言える．

　千住らは，これら通常の誤信念課題に通過する自閉症者における心の理論の障害について，「自発的な誤信念課題」を用いた検討を行った[19]．この課題はもともと乳幼児向けに開発されたものであり，誤信念場面における実験参加者の自発的な行動予測を，アイトラッカーによる眼球運動の測定によって検討する手法である．具体的には，対象物の位置についての誤信念を持った登場人物（または，登場人物が後ろを向いている間に対象物の位置が動いた場面）を呈示し，登場人物が対象物に向けて手を伸ばす直前の実験参加

者の眼球運動を測定している．もしも実験参加者が登場人物の行動を誤信念から予期しているのなら，登場人物が最後に対象物を見た位置に向けた「予期的な注視」を見せることが予測される．

この実験の結果，定型発達成人は登場人物の誤信念に基づいた予期的注視を行った一方，自閉症者はそのような予期的注視を見せなかった．この結果は，明示的に教示がなされた場面では誤信念の理解が可能である自閉症者においても，教示がない場面で自発的に他者の誤信念を用いた行動予測を行うわけではないことを示している．また，登場人物が誤信念を持たない(登場人物が最後に見た位置から対象物が動いていない)条件では，自閉症者も定型発達者と同じく予期的な注視を見せ，ファルク＝イッターと一貫した結果を示している．このことから，自閉症者は自発的な行動予測は行うものの，その行動予測に際し他者の心的状態に関する情報を加味することがない可能性が示唆されている．

この実験結果については，次の2つの解釈がなされている．1つは，明示的・意識的に働く心の理論と，無自覚的・自発的に働く心の理論とは異なる認知メカニズムに基づいており，自閉症者では後者の障害が残存する，という議論である．もう1つは，明示的な心の理論課題，自発的な心の理論課題のそれぞれに通過するためには，心の理論以外にも数多くの認知能力が必要であり，自閉症者ではそれらの課題特異的，周辺的な認知能力に困難が見られる，という考え方である．たとえば，明示的な心の理論課題に通過するには言語理解，特に教示や質問を文意から理解する語用論的な理解の能力が重要である．一方，自発的な心の理論課題に通過するためには，他者の心的状態についての継続的，自発的な注意の維持や，他者の心的状態を読み取るために重要な手がかりである視線や動きなどを素早く検出し，理解する能力が必要であると考えられる．自閉症者に他者への定位反応や表出行動の認識の困難さがあるのであれば，それらの特徴が自発的な誤信念理解の困難さにつながる可能性もある．

他の研究からも，より課題の明示性が低く，心の理論の自発的な運用が必要な課題において，自閉症者が困難さを示すことが報告されている．たとえば，アベル(Frances Abell)らの実験[20]において，画面上を動く図形(2つ

の三角形)の動きから,その「場面」について説明することを要求された場合,定型発達者は自発的に心の理論を運用し,適切なレベルで心的状態を用いた自由記述を行う一方,自閉症者は三角形の動きの記述を行う際,自発的に心的状態の帰属を行いにくいことが示されている.

2-4 自閉症者における認知的共感の特徴

本節で概説したように,自閉症者は,他者への定位反応や他者の表出行動の認識において,定型発達者には見られない困難さを見せることが報告されている.相手の顔に自発的に注意を向け,注意を維持し,相手の表情や視線を他の図形とは異なる「特別なもの」として処理する傾向が,自閉症者においてはあまり強く見られない.この現象を違う視点から議論すると,定型発達者は他者の顔や視線,表出行動に対し,低次の視覚的特徴だけからでは説明できないほど強く,一貫した注意を向け,選択的な処理を行うバイアスを有しているということができる.自閉症者の社会的認知の困難さについて理解するためには,この(不可解なほど)強い定型発達者の認知バイアスがどのような認知的・発達的メカニズムに基づいて形成されるのかについて,体系的な理解を行うことが必要であると考える.

心の理論の障害のように,自閉症者における認知的共感の障害を示すように見えるデータを解釈する際,この視点はきわめて重要となる.自閉症者における認知的共感の障害は,他者の心的状態を表象することそのものの障害ではなく,心的表象を形成するのに必要な手がかりを効率的に検出し,認識する傾向の弱さに基づいている可能性があるからである.自閉症者における心の理論の障害が,課題による制約の少ない,より自発的な認識を求められる場面で特に顕著であるという知見は,この可能性を支持しているということもできる.

3 情動的共感──他者への"適切"な反応

情動的共感とは,認知的共感によって検出された相手の心的状態に対して,

「適切な感情的反応」を引き起こす働きとして定義されている．認知的共感が共感の「入力」に相当するのであれば，情動的共感は共感の「出力」に相当するということもできる．

ところで，何をもって「適切」な反応と呼ぶかについて，直感的心理学，素朴心理学からの説明は比較的容易であるが，科学的に定義することは必ずしも容易ではない．そこで，本節では，情動的共感の基盤となる認知メカニズムと，自閉症者における特徴について議論するため，他者の行動に対する反応一般について概説を行う．

3-1 意図的な模倣行動と自他マッチング

自閉症児の模倣障害については，「Do as I do 課題」と呼ばれる課題によって顕著に見られることが知られている．これは，実験者がさまざまな体の動きやジェスチャーを子どもの前で行い，「おなじようにやってみて」という教示を行った場合，自閉症児は定型発達児に比べて実験者の行動を再現する(まねする)傾向が弱い，という知見である．この知見は，発表当時は複雑な運動系列を再現する運動能力の障害[21]，または他者の行為を模倣する動機付けの障害[22]として解釈されていた．

ところが，ミラーニューロンシステムが脳神経科学において話題になるにつれ，自閉症者の模倣障害をミラーニューロンシステムの障害として再解釈する動きが盛んになる．たとえば，オーベルマン(Lindsay M. Oberman)によって行われた研究[23]では，自閉症者は定型発達者とは異なり，他者の行動を観察している際に運動野の活動が見られない，という知見が，脳波研究に基づいた実験により報告されている．「壊れた鏡」説とも呼ばれるこの議論に基づくと，自閉症者の対人相互作用やコミュニケーションの障害，さらには模倣障害までもが，ミラーニューロンシステムの機能不全による自他マッチングの障害に起因すると解釈される．自他マッチングは共感の基盤でもあるため，自閉症者における共感性の障害も，「壊れた鏡」によって説明できることになる．

壊れた鏡説に対する最大の批判は，実証データとの乖離が顕著である，というものである．たとえば，自閉症者は意図的な模倣そのものに障害がある

わけではなく，目的がはっきりした行為，特に道具の操作に関しては正確に模倣できることが報告されている[24]．自閉症者が最も困難を示すのは，目的がはっきりしないしぐさやジェスチャーの模倣であると考えられる．さらに，ミラーニューロンシステムは行為の目的の処理に特化していることが実証研究から示されているため，自閉症者が他者の行為の目的を模倣できる，というカーペンターらの研究も，壊れた鏡説と矛盾するものである．こういった実験結果が積み重なるにつれ，壊れた鏡説は徐々に支持を失いつつあり，批判的な総説論文も数多く発表されている[25][26]．

　壊れた鏡説が支持を失うにつれ，それ以前に唱えられていた運動説，動機説のそれぞれについて，興味深い知見が集まりつつある．運動説に関しては，自閉症者の模倣障害，ミラーニューロンシステムの活動の弱さを，運動系列を生成し，次の動作を予期することの困難さから説明する議論がなされている．カッタネオ（Luigi Cattaneo）らによって報告された研究[27]では，定型発達者は他者が食べ物を手で口に運ぶ場面を見たとき，他者の手が口に到達する前に，自分の口の筋肉における筋電位の変化を見せることが報告されている．つまり，他者が食べ物を口に運ぶ動きから，次の口を開ける動きを予期し，その動きを自他マッチングすることにより，自分の口の筋肉における反応が引き起こされたと考えられる．一方，自閉症者では同じような他者の動きを見たとき，口の筋肉における筋電位の変化を見せなかった．この結果は，ミラーニューロンシステムの障害による自他マッチングの困難さとして解釈することも可能である．

　ところが，この研究では，自閉症者は他者の動きを観察した場合のみでなく，自分自身が同じ動きを行ったときにも，口の筋肉における筋電位の生起に定型発達者との違いが見られることが確認された．定型発達者では，自分が手に持った食べ物が口に到達する前に口が開き始めるのに対し，自閉症者ではこのような「予期的な」口の動きが見られず，実際に食べ物が口に到達した時点で口が動き始めることが確認されたのである．このことから，自閉症者は自他マッチングに特異的な障害を持っているのではなく，複数の運動からなる系列を生成し，次の動きをオンラインで予期する働きに障害が見られる可能性が示唆されている．このような行為生成の障害を持っているので

あれば，他者の動きから次の動きを予期し，それに応じた準備的な自身の運動を生成させないことも理解できる．

もう1つの「動機説」に関連する知見として，教示無しに行われる自発的な模倣の障害についての一連の研究が，自閉症者を対象として行われている．以降，これらの研究について詳しく紹介する．

3-2 自発的な模倣・行動の伝播

自発的な模倣，あるいは行動の伝播と呼ばれる現象は，相手の動きを見たとき，意図せずその動きと同じ動きをしてしまう現象，相手の動きに「つられて」思わず自分も動いてしまう現象である．たとえば，相手の表情を見ていると，思わず自分も同じ表情をしてしまうことがある．また，同じ表情をするところまで行かなかったとしても，相手の表情の動きを見ているとき，観察者の顔面の筋肉の反応を筋電位によって計測すると，たとえば怒っている顔を見たときには眉をしかめる筋肉に，笑っている顔を見たときには口角を上げる筋肉に，それぞれ強い反応が見られることも報告されている．また，先ほど例に挙げた，相手が食べ物を口に運んでいる場面を見たときに自分の口の筋肉も動いてしまうというのも，自発的な模倣の一例と言える．

自閉症者が自発的な模倣を行わないという知見は，繰り返し報告されている．たとえば，先ほど挙げた表情の模倣を用いた研究では，自閉症者は「相手の表情を模倣してください」と明確に教示された条件では表情をまねして自分の顔の筋肉を動かすことができるものの，教示無しで自発的に相手の表情をまねる傾向が弱いことが報告されている[28]．

また，千住らは，あくびの伝播という現象を用いて，自閉症者における行動伝播について研究している[29]．あくびの伝播とは，他者のあくびを観察することにより自身のあくびが誘発される現象であり，人間を始め，チンパンジーやボノボ，ゲラダヒヒなどの霊長類，さらにはイヌなどの動物においても見られることが報告されている．この実験では，他者があくびをしている映像，他者がただ口を開ける動作をしている映像のそれぞれを自閉症児，定型発達児のそれぞれに見せ，それぞれの映像を見ている最中や見た後にそれぞれの子どもがどれだけあくびをするかを観察した．その結果，定型発

児は他者のあくびを見たときによりあくびをしやすくなる（あくびがうつる）ことが確認されたのに対し，自閉症児ではそのような傾向が見られなかった．この結果も，表情模倣に関する研究結果と同様，自閉症児では自発的な模倣が起きにくい可能性を示していると考えることもできる．

ところが，これらの研究結果は，相手の動作への自発的な定位反応の弱さとして捉えられる可能性が，より近年の研究結果から報告されている．たとえば，相手の目や口などの特定の部分を見るように明確な教示を行ったり，画面に現れる顔の性別を素早く答えることを課したりするなどして，表情を見せている相手の顔への注意を促した実験条件では，自閉症者も定型発達者と同様，自発的な表情模倣を見せることが報告されている[30]．

そこで，臼井らは，相手のあくびする顔に注意を促した場合，自閉症児にあくびの伝播が見られるのかについて検討を行った[31]．この研究では，あくび映像を見ている際の子どもの注視行動をアイトラッカーで記録し，子どもが顔に視線を向けた場合にのみあくび映像が呈示されるように条件設定を行った．また，教示によって，相手の顔への注意も促されていた．このような条件を設定した結果，自閉症児も定型発達児と同様，あくび映像を見たときによりあくびをする傾向が強いという結果，あくびの伝播が確認されたのである．

これらの研究結果は，自閉症者が自発的な模倣そのものに困難を抱えているわけではないことを示している．相手の動作への自発的な定位反応の弱さだけで自閉症者の自発的模倣の障害を説明しきることはできないかもしれないが，相手の動作に注意を促した場合に自発的な模倣がより起きやすくなるという知見は，少なくとも社会的な定位反応の弱さが自発的な模倣の障害に一定の役割を果たしている可能性を示唆している．

表情の表出と感情の生起との間には双方向的な関係があることが知られている．つまり，ある感情が起きるとその表情をしやすくなるだけでなく，ある表情をするとその気持ちになりやすくなることもある，ということが知られている．このことは，自発的な表情模倣の困難さが情動的共感の困難さにつながる可能性を示唆している．たとえば，相手の表情をまねする傾向が弱ければ，相手と同じ感情を感じる経験が弱くなるかもしれない．情動的共感

における「適切な反応」が「相手と同じ気持ちになること」と同義であるかどうかについては一概には言えないが，後者の「同じ気持ちになる」反応が生じることは，前者の「適切な反応」を生起する上で重要な手がかりとなるであろう．どのような理由であれ，日常場面で自発的な表情模倣を行いにくい場合，結果的に共感性が弱いと解釈できる行動特徴を見せることにつながるとも考えられる．

3-3 自閉症者における情動的共感の特徴

　行動の伝播や模倣(自発的なもの，意図的なものの両者を含む)は，「運動的共感」として捉えるか，「情動的共感」の一部あるいは基盤として捉えるかについては研究者によって議論が分かれるが，いずれにせよ「共感」という現象の一部である．また，ミラーニューロンシステムとの関連により，一時期自閉症研究の文脈でも議論されることが多かった現象でもある．

　これまでの研究の結果，意図的な模倣については，自閉症者における障害は特に見られないと考えた方がよいように思われる．一見，自閉症者における意図的な模倣の困難さとして捉えられるような実験結果でも，条件を精査すると，教示理解の困難さに帰属できることも多い．一方，自発的な模倣に関しては，自閉症者では起こりにくいという研究結果も数多く報告されている．

　自閉症者が自発的模倣を起こしにくい原因の1つは，教示無しで，自発的に相手に注意を向ける傾向の弱さであると考えられる．しかしながら，発達の過程において相手に注意を向ける傾向が弱かったとしたら，結果として他者の行動を学習する機会に違いが生まれ，自発的な模倣の基盤となる神経メカニズムの非定型発達につながる可能性もある．また，原因は何であれ，自閉症者が日常場面で自発的模倣を生起しにくいという認知的な特徴を有しているならば，その特徴が「情動的共感」の弱さとして解釈できる行動特徴の認知的基盤となる可能性も考えられる．

　情動的共感は，共感の「出力」として捉えることができる．自閉症者のように，この「出力」に障害が見られる場合，共感というシステム全体のどの部分の障害がその基盤となっているのか(入力部なのか，入力部と出力部の

連絡なのか,それとも出力部そのものの障害なのか)を検討するのは必ずしも容易ではない.自閉症者における情動的共感の特徴は,単一のメカニズムではなく,複数のメカニズムが複雑に組み合わさることによって起きる「共感」という現象を,基盤となる認知処理の観点から捉えることの重要性と困難さを示しているということもできる.

4 共感の自発性とその障害

4-1 自閉症者における共感性の"障害"とその基盤

　共感という現象はきわめて直感的であり,科学的な心理学や認知科学の枠を超えて,素朴心理学における主要な概念となっている.また,共感性は「優しい」「他人の痛みがわかる」「思いやりがある」など,社会的・対人的な文脈において正の価値が付与されることが多い.このことから,共感性の低さは「冷酷さ」や「身勝手さ」など,社会的な望ましさの低い特性として捉えられることもある.

　さらに,共感が直感的に捉えられることから,共感を1次元の,単一のメカニズムからなる「特性」として捉える向きも,心理学においては主流の考え方である.たとえば,バロン＝コーエンを始め,共感性の個人差を1次元で表現するような質問紙の作成事例は少なくない.

　一方,自閉症者を対象とした一連の研究は,共感という現象を「ある」「ない」,または「強い」「弱い」といった1次元の個人差,単一のメカニズムとして捉える視点の限界を強く示唆している.たとえば,自閉症者では,何も教示を受けずに相手の表情を見ているときはそれを無自覚的にまねする傾向,同じ表情をする傾向が弱い.ところが,同じ自閉症者を対象として,顔に注意を向ける教示や実験環境を整えた条件下で計測を行うと,相手と同じ表情をしてしまう傾向,つまり表情の自発的な模倣が見られるようになる.この現象に対し,自閉症者には共感が「ある」のか,それとも「ない」のか,という議論を行うことは不毛であり,それぞれの実験条件における「共感」行動の違いから,その違いを引き起こす認知メカニズムについて検証するこ

とが必要となる．

　たとえば，共感の「入力」に相当する部分に関しては，自閉症者は他者への定位反応が定型発達者と比べて弱いことが知られている．このことは，自閉症者における領域特異的な障害として捉えるよりも，定型発達者における領域特異的な認知発達の「専門化」と，自閉症者におけるその専門化の起こりにくさという観点から捉えるほうが妥当であるように思われる．たとえば，社会的刺激(たとえば顔)，非社会的刺激(たとえばモノ)への定位反応を比較する研究を行うと，条件間の違いが見られるのは定型発達者においてのみであることが多い．つまり，定型発達者は，低次の視覚的情報に限って考えれば大きな違いのない2つのカテゴリ(社会的刺激，非社会的刺激)を知覚するとき，一方のカテゴリをもう一方のカテゴリよりも優先的に，選択的に検出し，定位するという「反応バイアス」を発達させていることがわかる．自閉症者が社会的刺激，非社会的刺激の両者に同様な強さの定位反応を見せることは，定型発達者において見られるような特定のカテゴリ(社会的刺激)への反応バイアスが発達せず，刺激が持つ低次の視覚的情報のみに基づいた定位反応を行っているからである，と考えることもできる．

　また，教示や実験環境の整備などによって他者への定位反応を確保した場合，自閉症者は，ある程度の所までは定型発達者と同じような表出行動の認識を行うことができる．自閉症者の表情認識や視線認識の障害は，表情や視線の理解がまったくできないというものではなく，複数の表出行動を統合して認識したり，他者の表出行動を他の視覚的情報よりも優先的に処理したりする傾向の弱さとして考えることもできる．これらの知見についても，自閉症者における表出行動認識の欠損というよりは，定型発達者が持つ表出行動処理の特性，たとえば複数の表出行動をその"メッセージ"をもとに統合したり，選択的に検出したりする反応バイアスを自閉症者が有していない，と記述するほうが妥当であるようにも思われる．

　自閉症者において見られる「共感性の障害」についての一連の研究を吟味すると，このような社会的刺激に対する反応バイアスの弱さが，自閉症者の共感行動の非定型性につながっている可能性について浮かび上がってくる．たとえば，自閉症者における心の理論の障害は，他者の行動から直接観察で

きない内部状態(心的状態)を認識するという,認知的共感の障害として捉えることができる.この心の理論障害について詳細に実験的な検討を行うと,課題が明示的に示された心の理論課題には通過するような自閉症成人でも,教示無しで同じような場面を観察したとき,自発的に心の理論を使って他者の行動を予測する傾向が弱いことが示されている.これは,認知的共感の弱さに他者の内部状態を表象する能力そのものの障害だけではなく,内部状態の推測に必要な他者の表出行動を自発的に検出したり,認識したりする反応バイアスの弱さも関わっている可能性を示唆している.これらの自発的な心の理論の働きが明示的な心の理論の働きとどこまで同じで,どこから異なる処理が用いられているのかについては,今後更なる検討が必要である.

　模倣や行動の伝播に関する一連の研究も,共感性の障害と社会的な刺激に対する反応バイアスとの関連について示唆するものであると言える.比較的古い研究における自閉症者の「模倣障害」は,模倣の対象に関する教示がはっきりしなかったり,模倣すべき行為の目的が読み取りにくかったりする場合に多く見られる.一方,モノの操作など行為の目的がはっきりしている場合に,模倣すべき行為をはっきり教示したり,行為に注意が向きやすいような配慮を加えたりした場合には,自閉症者も定型発達者と同様な模倣の精度を見せることが多いことも報告されている.さらに,行動の伝播,または自発的な模倣と呼ばれるような,教示無しに,意図せずに自然に相手の表情や動きなどをまねてしまう現象についても,そもそも相手の動きに「気づく」あるいは「注意を向ける」反応との関連が示唆されている.自閉症者では,相手の表情や顔などに注意を向ける教示が弱い場合には,表情やあくびの伝播を見せにくい.しかし,課題の構造や教示などによって相手の顔の動きに注意が向くような配慮を行った条件では,自閉症者においても行動の伝播が見られる場合があることが,複数の研究によって報告されている.

4-2　共感の"自発性"

　共感という現象を目の当たりにしたとき,認知科学者の注意は「相手の内部状態を表象し,自身の内部状態と一致させる」という計算に関わるメカニズムに向きがちである.こういった,心の理論や自他マッチングといった認

知メカニズムが，共感という現象を成立させる上で中心的な役割を果たしているのは，ほぼ確実であろうと考えることもできる．一方，そもそもさまざまな情報が氾濫している自然環境の中で，「共感の対象となる相手」という特定の対象に注意が向くのはなぜか，相手の持つさまざまな身体特徴や行為の中で，相手の内部状態の推測に関連性の高い情報，表出行動を素早く検出し，そこから内部状態に対する推論(心の理論)を起動できるのはなぜか，といった疑問には，あまり注意が向けられていないように思われる．

　自閉症者を対象とした共感性に関する一連の研究は，共感という現象について考えるとき，こういった共感の「入力」に関する認知メカニズムについて検討することの重要性を示している．現象として観察される共感性の低さは，心の理論や自他マッチングといった認知メカニズムではなく，こういった「入力」，あるいは入力された情報の選択といった部分における障害に起因する可能性が考えられるからである．共感を単一の現象として捉えるのではなく，一連の認知処理から構成された複雑なシステムとして捉え，そのシステムの構成要素のそれぞれについて更なる吟味を加えることが，共感の基盤となる認知メカニズム，脳神経メカニズムについて考察を加える上でも，また共感性の個人差やその科学的，および社会的な解釈や意味づけを行う上でも，今後ますます重要になると思われる．

＊1　「健常」「正常」等の用語は価値判断(健康な状態，正しい状態)を含意するため，心理学をはじめとした基礎研究の用語としては適切でないと議論されている．その代わりに，「人口中の多数が有する発達の様相」を意味する「定型発達」(typical development)という用語を用いることが勧められており，本章でもそのガイドラインに従う．同様に，発達障害に関する基礎研究でも，「非定型発達」という用語が勧められている．

第6章

共感の病理

　共感という能力は，他者の感情状態を共有することを可能にし，また，これに基づいて他者の行動を予測することを可能にする．そして，他者の心の痛みを感受することにより，協力行動などの向社会的行動を引き起こす．この行為は，時には美徳にもなる．共感は，我々が他者を含めた社会的環境と相互作用するには必須の能力である．

　共感はきわめて自動的な心理過程であろう．苦しんでいる人を見ると即座にその痛みを感じ，同時に流涙することもある．しかし一方で，共感は，社会的文脈に大きく影響を受ける意識的なプロセスでもある．他者と自分の社会的状態の評価と比較(社会比較)，他者との社会的関係(協同関係にあるか，競争関係にあるか)，現在の自分の気分状態，自伝的記憶を形成する自らの過去の体験などにより，共感はそのあり方を変える．さらには，児童期の養育者との早期の体験の影響が指摘されることもある．すなわち，共感という機能は，単純で自動的な過程から，自他の視点をとることにより成立する意識的で認知的な過程に広がっている．

　また，共感にはダークサイドがある．いわば，他者と演じる共感プロセスの舞台裏である．たとえば，他人の幸福を妬み，また他人の失敗を見てほくそ笑む感情である．これには，他者との社会比較という文脈要因が大きな影響を与える．さらに，共感という心理過程が病的になることがある．児童期

の素行障害，自閉症スペクトラム障害，そして統合失調症などがこれに含まれる．本章では，以上のような共感の病理について詳述したい．

1 はじめに

まず共感のさまざまな側面に関連した現象を整理しておく必要がある．共感は，大きく2つに分けられている．情動的共感(emotional empathy)と認知的共感(cognitive empathy)である．

情動的共感は，他者の感情を共有することを意味している．他人が何を感じているかという他者の情動を自分も感じかつ共有することであり，同時に他者の感情状態の原因を察知することである[1]．このためには，まず，自己と他者の感情の区別を必要とする[2]．これは共感の大前提であり，自分の心の状態と他者の心の状態を切り離し，分離する能力が共感の基礎となる．後述するが，この能力は，模倣(mimicry)や感情の伝搬(emotional contagion)と共感との区別に関与するという見解もある．情動的共感をより厳密に定義すると，他者の感情状態の身体化された表象(embodied representation)を自己の中に形成する能力ともいえる．身体化されたシミュレーション(embodied simulation)による感情の共有である[3]．この共感は，進化論的に比較的古く，人の利他的行動や道徳性を支え，他者に対する暴力を阻止する機能があると言われている．

一方，認知的共感は，他者が何を知り，何を意図し，何を望んでいるかを知ることである．つまり，他者の考え，意図，望みなどを理解することである．このタイプの共感概念は，いわゆる他人の心の理論(theory of mind)とかなりの部分が重複した概念である．心の理論とは，自己や他者に心が宿っているという心的帰属，他者の心的状態の理解，そして他者の行動の予測をするための知識や原理である．認知的共感においても，自己と他者の視点(perspective)を取ることが重要であることは言うまでもない．ただし，他者の感情状態と観察者の感情状態は必ずしも一致する必要はない．認知的共感では，他者が何を知り，意図し，期待しているかを他者の感情において知

ることが重要となる．この点は，情動的共感と異なる部分である．認知的共感は，おそらく，類人猿とヒトにしかないものと考えられている[4]．このタイプの共感には，自己の過去の体験を含んだ長期記憶や自伝的記憶などが影響を与え，また他人との社会的関係，内省能力などが関連している．

共感の概念は，その系統発生的前駆者である模倣や生理学的な前提概念である感情の伝搬の定義の困難さにより，やや曖昧になる．模倣とは，個体が他者の運動行為をコピーする自動的な過程である．この運動には，表情，発声，体位，ジェスチャーなどが含まれる[2]．動物にも共通している能力であり，感情が共有されることは必要ではない点で情動的共感と異なる．また，感情伝搬は，観察者と感情を表出している他者との間で感情や情動が共有されていることに基づいた自動的に生成される行動のコピーである．共有された感情が必須であるが，他者の感情の原因を理解している必要はない．情動的共感は，感情伝搬に誘発されて生じる場合もある．感情伝搬には，自他の区別が必要であるとする見解も多いが，なおも一定しない．

なお，共感と関連した高次の心理的過程に，同情(sympathy)と思いやり(compassion)がある．これらは，共感能力に基づいて，他者の感情的要求に反応する方法である．ただし，感情は，必ずしも共有されている必要はない．感情が共有されない形でも他者の感情を想定しこれに基づいて行動が引き起こされる．同情は，共感により動機づけられた，より意識的な向社会的感情で，しばしばストレス状態にある他者の苦悩を改善させるための向社会的な行動が引き起こされる．他方，思いやりは，他者に対する共感的な関心を含み，他者をケアしたり，慰めたり，元気づけるという行動に繋がる感情である．この場合，やはり必ずしも感情の共有は伴わなくてもよい．何かの恐れを感じている人を見て，恐怖の感情を抱かなくても，憐れみの感情が生まれ，これが苦悩を減らす援助行動に繋がるような場合である．情動的共感と認知的共感には，その生物学的基盤として模倣と感情伝搬の現象があり，またヒトに特有の発展形態として同情と思いやりがあることになる．いくつかの曖昧さはあるが，ここでは共感そのものの病的状態に焦点を絞ることとする．

2 共感の減弱

　共感の中でも情動的共感の減弱による精神障害とされるものの1つが，サイコパス(精神病質)の特徴を持つ児童期の素行障害(conduct disorder，かつては行為障害と訳された)および成人の反社会性人格障害(antisocial personality disorder)であろう．この病態では，認知的共感は保たれる，すなわち他者の感情状態や意図の理解は保持されるが，しかし，特に他者の感情を共有することが障害されると言われている[4]．素行障害を持つ児童(主に男子であることが多い)は，両親の気持ち，他人の権利，そして法律をほとんど尊重しない．その結果，窃盗や財産の破壊，詐欺，不正行為，ごまかし，法律違反となる身体的・言語的攻撃が生じる．さまざまな非行が繰り返され，家庭や学校でトラブルが起きることが多い．そして，これらの問題は，いつも「他人のせい」にされる．

　素行障害を有するケースは大きく2つに分類される．1つは，サイコパスの特徴を持つグループであり，もう1つは，不安障害や気分障害を持つグループである．情動的共感の減弱がその基本的障害であるのは，前者である．後者のグループは，恐れや脅威に対する反応が過剰になっている群であり，脳内の恐怖回路(扁桃体─視床下部─中脳水道周囲灰白質の回路)が恐怖刺激に対して過剰に反応することによる反応的攻撃性(reactive aggression)の増大が，その障害の基本であるとされる．すなわち，他者を含んだ外界刺激としての恐怖に過剰な反応を示すことを原因とした衝動的な攻撃行動が見られるが，後述する冷淡さや無感情性は見られない．この脳内恐怖回路の過剰反応，特に扁桃体の過剰な活動は不安障害やうつ病でも見られるものであり，このタイプの素行障害とうつ状態ないしは不安障害の併存は驚くにあたらない．なお，不安障害や気分障害を持つ群は，素行障害の40%を占めるとされている．

　一方，共感との関連で大きな問題となるのは，前者のサイコパスの特徴を持つグループである．この群の臨床的特徴は，まず，罪悪感の減弱，いわゆ

る共感の欠如などの冷淡さ・無感情性などであり，次に衝動性の亢進と反社会的行動である．他者を自分の利益のために利用する傾向があり，他人の苦悩に対して無感覚であるとされている．この特徴は，児童期に観察され，成人以後も持続する．なお，児童期の素行障害と成人期の反社会性人格障害は，心理検査，認知検査，脳機能画像検査の結果がきわめて類似しており，背景にある病態生理も非常に類似したものであるとされている．

　サイコパスの特徴を持つ素行障害の病態のメカニズムとして，まず，第一に取りあげられるのが，情動的共感の減弱，特に他者の恐怖感情，他人の悲しみや痛み，そして他人の幸せに対して感情を共有しないことである．前述したように認知的共感は保持され，他者が何を考え，何を意図しているかという理解や知識は保たれている．それにもかかわらず，他者の痛みは共有されないのである．そして，この機能障害は，脳内扁桃体と前頭葉腹内側部の反応性の減弱に起因するとされている（この2つの脳領域は，健常者では他者の苦悩を観察したときに強く活動する）．機能的MRI(fMRI)を用いた検討や神経生理学的研究によると，この感情刺激に対する脳機能異常は，他者の恐怖，悲しみ，痛みなどの苦悩および幸せ感情に選択的であり，たとえば，他者の怒りや嫌悪感情については，サイコパスの特徴を持つ素行障害例の反応は健常例とほとんど変わらないとされている．この扁桃体と前頭葉腹内側部の異常な反応低下は，「自らの攻撃的行動が招いた他人の苦しみにあまり関心がないように見える」という臨床的観察に一致している．そして，情動的共感の減弱に関する脳領域としては，扁桃体の機能異常がより重要である．また，サイコパスの特徴を持つ素行障害における扁桃体の機能低下は，不安障害や気分障害を持つグループにおける過剰な扁桃体回路の活動と反対であることに注意されたい．

　元来，扁桃体は，社会脳ネットワークの中において，特にその受容面での中核的存在であると考えられている[5]．社会的認知の担い手として扁桃体が注目されるようになったきっかけに，扁桃体損傷例の特異な認知行動パターンの報告が挙げられる．扁桃体損傷例では表情（特に恐怖）の重篤な認知障害や視線方向判断の障害が観察された．次に，健常者の機能画像研究では恐怖表情に対し扁桃体が賦活されることが繰り返し報告された．意識に上らな

い恐怖表情や，恐怖をたたえた目だけに対しても賦活されることがわかり，扁桃体機能の鋭敏さが再認識されるにいたっている．

また，機能画像研究では視線の処理を要する課題で，扁桃体が賦活されることが度々報告されている．近年，扁桃体損傷例における表情認知障害の機序として，重要な情報源である目への注視が減少することが報告されている．加藤らも，扁桃体損傷例において，他者の視線方向に沿って自らの注意を誘導する機能の障害について検討し，「楕円の目」「顔」両方において視線効果が欠如していることを報告した[6]．

扁桃体は重要な刺激が意識に上る前に，場合によっては視覚野さえバイパスして，非常に早い段階で刺激を検出することができると考えられる．その情報は，上側頭回後部を中心とした視覚関連皮質にフィードフォワードされ，さらなる緻密な視覚分析を受ける．そして上側頭回後部での詳細な分析結果は，扁桃体へフィードバックされ，それに基づいて，さらなる精密な価値判断(近づくべきか，逃げるべきかなど)がなされるものと推測される．

このように，扁桃体は，他者とのコミュニケーション，特に視線の理解を通じた他者理解に重要である．サイコパスの特徴を持つ素行障害では，この扁桃体の機能が障害されている．視線認知のみならず，他者の苦悩への共感が障害されている状態では，対人関係において重大な問題が生じることは容易に想像できよう．すなわち，他者の苦悩への感度の減弱は，他人を害する行為を回避する傾向を弱め，その結果，自己の利益の達成のために他人に害となる行動を犯しやすくすると考えられる．

なお，サイコパスの特徴を持つ素行障害のもう1つの病態メカニズムとしては，意思決定の障害が挙げられている．これらは，前頭葉腹内側部や線条体における予期される報酬の処理過程の障害や罰の予期過程の障害から成る．サイコパスの特徴を持つ素行障害は，情動的共感の障害と自己の行動の結果を予期するプロセスの障害により，そのかなりの部分が説明される可能性がある．

3 共感のダークサイド

　他者の不幸や幸運に対する人間の反応は非常に変化に富んでいる．すなわち，共感が抑圧され，その代替物が生じることがある．たとえば，共感は，妬み(envy)とそれに続く「他人の不幸は蜜の味」(シャーデンフロイデ，Schadenfreude)という陰性の感情によって抑圧されることがある．共感の裏側であり，健常者にもしばしば認められる現象であり，共感の病理とは言えないかもしれない．前述したように，共感は，自動的なもののみでなく，他者と自分との関係や文脈的ないしは対人関係上の親密さにより調節される[7]．

　妬みとシャーデンフロイデは，特に社会比較に基づいて他者と競合的に直面する場合に引き起こされることが多い．通常，特に親密な関係にある他者に対しては，共感は協力行動(cooperation)を引き起こし，これにより互恵性(reciprocity)が増加し，さらにこれが共感に陽性のインパクトを与える．しかし，たとえば，社会的な敵対者が失敗すると，共感は減弱し，喜びにとって代わられる．この妬みとシャーデンフロイデの感情の出現は，さまざまな社会的な文脈要因，他者に成功の資格があるとみなせるかどうか，他者の成功と失敗の量が自分と比較してどの程度かなどに依存している．そして，向社会的な行動と結びついた共感とは反対に，妬みとシャーデンフロイデのような競争的感情は，攻撃的な行動を誘発する可能性がある．

　このような感情は，競争を強化し，時に背信(non-cooperation)を招く．背信は，さらに妬みを生み，共感に陰性のインパクトを与える．そして，最後は復讐行動が引き起こされる可能性がある．共感が弱まれば，妬みとシャーデンフロイデの感情が強まるのであり，もちろんその逆もある．

　加藤らは，かつてこの妬みとシャーデンフロイデの神経基盤についての検討を行った[8]．ここでは，その概要を簡単に紹介したい．実験の説明は，実際にそれを行った高橋英彦氏の記述に従う[9]．妬みは他人が自己より優れた物や特性を有している場合に，苦痛，劣等感，敵対心を伴う感情であり，

通常悪い情動であって，本来は慎むべきものとされる．ただ，妬みが生じるためには，他人が自己より優れたものを有しているだけでは不十分であり，その比較の対象の物や特性が自己と関連性が高いか否かが妬みの強さを決定する．たとえば，自分がブランドを好きで，知人が高級ブランドのバッグやドレスを何点も持っていたら知人のことを妬ましく思うかもしれないが，ブランドに関心のない人間にとっては，それほど強い妬みは生じない．

　実験では，大学生である被験者に，はじめに被験者本人が主人公であるシナリオを読んでもらった．主人公は大学 4 年生で就職を考えている．ここでは，例として，被験者と主人公は男性とする．就職には学業成績やクラブ活動の成績が重視されるが，主人公はいずれも平均的である．その他に経済状況や異性からの人気など平均的な物や特性を有している．シナリオには被験者本人以外に，3 人の人物が登場する．男子学生 A は被験者より優れた物や特性(学業成績，所有する自動車，異性からの人気など)を多く所有している．かつ自己との関連性が高く，被験者と同性で，進路や人生の目標や趣味が共通である．女子学生 B も被験者より優れた物や特性を所有しているが，学生 A と異なり自己との関連性が低く，被験者と異性で，進路や人生の目標や趣味はまったく異なる．女子学生 C は被験者と同様に平均的な物や特性を所有していて，かつ異性で自己との関連性はやはり低い．実験 1 では 3 人の学生のプロフィールを提示したときの脳活動を fMRI で検討した．

　加藤らの予想通り，被験者の妬みの強さは学生 A に対して最も大きく，学生 B がその次に続き，学生 C に対してはほとんど妬みの感情は抱かなかった．それに対応するように，学生 C と比べて，学生 A, B に対して背側前部帯状回がより強く賦活し，かつ学生 A に対する背側前部帯状回の活動は学生 B に対するものより高かった．これは，妬みを強く感じた場合に背側前部帯状回の活動が上昇することを意味する．また，個人間の検討では，妬みの強い被験者ほど，背側前部帯状回の活動が高いという相関関係も観察された．

　つぎに，引き続いてシャーデンフロイデに関する研究を行った．実験 1 に引き続き，被験者は実験 2 に参加し，その中で，実験 1 で最も妬ましい学生 A と最も妬ましくない学生 C に不幸(自動車にトラブルが発生する，おいし

い物を食べたが食中毒になったなど)が起こったときの脳活動を fMRI にて計測した．その結果，学生 A に起こった不幸に関しては，うれしい気持ちが報告されたのに対して，学生 C に起こった不幸にはうれしい気持ちは報告されなかった．それに対応するように学生 A に起こった不幸に対して線条体の活動を認めたが，学生 C に起こった不幸に対してはそのような活動は認めなかった．また，不幸に対するうれしさの強い被験者ほど，線条体の活動が高いという関係も見出された．さらに実験 1 で妬みに関連した背側前部帯状回の活動が高い人ほど，他人の不幸が起きたときの腹側線条体の活動が高いという相関関係も認められた．

　背側前部帯状回は，身体の痛みに関係する脳領域である．そして，妬みは心の痛みを伴う感情である．身体の痛みに関係する脳領域が，心の痛みの妬みにも関与していることは大変興味深い．妬みの対象の人物に不幸が起こると，自己の相対的な劣等感が軽減され，心の痛みが緩和され心地よい気持ちがもたらされる．線条体は報酬系の一部であり，物質的な報酬を期待したり，得たりしたときに反応することが知られている．すなわち，この線条体の活動は，妬んだ他人に不幸が起こると他人の不幸は蜜の味と言われるように，あたかも蜜の味を楽しんでいるような情動が生じることを意味している．物質的な喜びと社会的な喜びの脳内過程も共通する面が多いことは非常に興味深い．人間生活の中の心の痛みも喜びも，その神経基盤は，身体の疼痛や食べ物を取得した際の快に由来すると考えることもできる．

4 共感の変容——ミラーニューロンシステムとの関連で

　近年の fMRI 研究では，人の共感課題において活動する脳部位が，ミラーニューロンシステム(Mirror Neuron System, MNS)と重複することがしばしば指摘されてきた[10]．ここでは，共感の異常の一部(全てではない)を MNS の異常で説明できる可能性があるという観点で，統合失調症における共感の変容について述べたい．

　ミラーニューロンとは，自らの行為の実行の間にも他者の行為の受動的観

察の間にも共通に活動する脳内の視覚運動神経群である．ミラーニューロンは，サルの腹側運動前野のF5という領域でまず記録され，人では前頭前野外側後下部(ブロードマン44野)と頭頂葉腹側下部がこれにあたるとされている．ミラーニューロンの活動によって，観察者の脳内にも，他者の行為の表象が生み出され，表象が共有されることで模倣や他者行為の意図の理解が可能になるとされ，ミラーニューロンは社会的コミュニケーションの神経基盤と仮定されることもある．すなわち，ミラーニューロンの活動によって，観察者の脳内にも，他者の行為の表象が生み出されることが非常に重要である．これが，ミラーニューロンが社会的コミュニケーションの神経基盤と仮定される理由である．この考えに基づいて，近年では，MNSが，他者の行為やその意図の理解のみならず，他者の感情理解や共感などのメカニズムに重要な役割を果たすという見解が提案されている．

　他者行為の自動的な模倣(automatic simulation)が脳内に生起されることにより，MNSが，他者の意図やその行為の目的を理解することに基本的に関与することは理解しやすい．これは，他者理解ないしは心の理論に関する研究におけるシミュレーション説(simulation theory)に関連している．この説では，他者理解は，他者の様子を自己に置き換えることにより達成される．すなわち，他者理解は，自己に関する情報処理ときわめて緊密なものであり，自らが他者の心的活動をシミュレーションすることにより成立すると考える．他者の感情理解については，我々は他者が何をしているかを理解するために，自分の運動プログラムを使ってその行為をシミュレーションするのと同じように，他者が何を感じているか，どのような感情状態にあるかを理解するために，我々は自らの情動プログラムを使ってその感情プロセスをシミュレーションすると考える[11]．すなわち，「共感の運動理論(motor theory of empathy)である．これによると，MNSは，社会認知においてより広範な役割を持ち，行為理解のみならず，他者の情動の理解，さらには共感過程の一部に役割を持つとされる[12]．なお，このMNSと共感の関連については，MNSは，単純かつ観察可能な行為の目的の理解には重要であるが，心の理論課題において使用されるような抽象的な信念の理解には関与しないという意見もあり，一定の結論に達してはいない．また，MNSそのものが共感シ

ステムに強く関与しているかというと，これには否定的な見解があり，たとえば，最近の fMRI のメタアナリシスでは，共感に関連した課題中において，MNS 関連脳領域は必ずしも一貫して賦活されるわけではない[13].

では，共感のある部分の異常にも繋がる MNS の異常は，精神疾患の成因としてどのような意味を持つであろうか．これについては，特に，社会文脈上の重篤なコミュニケーション障害を呈する種々の精神障害においては，心の理論との関連からその背後にこれらの MNS の破綻が存在することも推定されている．初期の研究では，2005 年にオーベルマン(Lindsay M. Oberman)らは自閉症スペクトラム障害における MNS の異常を報告し，その後アスペルガー障害を含む自閉症圏内の症例を対象とした検討がいくつか報告された[14].これらは，発達障害，特に自閉症関連障害における MNS 異常の重要性に関する問題である．ここでは，自我障害を持つことがその臨床的特徴であり，また社会機能に著しい障害を持つ統合失調症に関する加藤らの脳機能画像研究を紹介したい[15][16]．なお，統合失調症の共感に関する直接的な研究では，情動的共感と認知的共感の両者が障害されていることが報告されている．

統合失調症は，幻覚・妄想状態を呈することが多く，そのまとまりのない言動が特徴的ではあるが，多くの場合その背後に著しい社会的機能水準の低下が存在する．共感の異常にもつながる感情の平板化や意欲の欠如も強く，思考察知・感情移入や心の理論も障害されていることが多いとされる．また，統合失調症の診断上一級症状とされているものは，被影響体験，作為体験，思考奪取などの"自我障害(self-disturbance/Ichstörung)"である．このことは，統合失調症における共感の異常と強い関連を持っている．なぜなら，共感には，自他の視点を取ること，自分の心の状態と他者の心の状態を切り離し分離する能力が必須だからである．すなわち，統合失調症において共感過程と関連する MNS の異常が検出されれば，この結果は共感の異常のみならず，その自我障害のメカニズムを解明することに寄与できるのである．

以下では，未服薬・未治療を中心とした統合失調症例に対して，他者により行われる顎運動を視覚呈示し，賦活される MNS 応答を MEG(magnetic encephalography)を用いて測定し，両群間で比較・検討した研究を紹介す

る[15]．この研究では，対象として，健常例 15 例，統合失調症例 15 例が参加した．統合失調症群は 8 例の未治療・未服薬群と 7 例の服薬中断群から構成された．服薬中断例は 1〜2 剤の抗精神病薬を服薬した経験を持つが，MEG 検査施行前 6 ヶ月間は服薬中断していた症例とした．両群で性別・年齢はマッチさせた．統合失調症群の平均罹病期間は 68 ヶ月である．被験者は静かなシールドルーム内で安静座位をとり，頭部をヘルメット型磁気センサー内に固定し，前方に投射される動画を見るよう指示された．動画は他者による発語を想起させない顎運動であり，あらかじめビデオに記録されたものである．安静位から開口し，約 700 ms の開口運動ののち安静位に戻る運動であり，安静位の呈示も含めて 1 回の動画再生は 3 秒間である．これを 3 秒の呈示間間隔をもって 100 回呈示し，顎運動の開口開始時点をトリガーとして MNS の応答を測定した．この結果，健常群全例において，分析時間 −100 ms から 600 ms 内に両半球でそれぞれ 3 つの成分が同定され，これら磁場応答に対応して MT/V5 野 (MT/V5) (M1 成分；潜時 160 ms)，頭頂葉下部 (inferior parietal cortex; IPC) (M2 成分；潜時 250 ms) および顎運動に対応した運動前野 (premotor cortex; PC) (M3 成分；潜時 330 ms) の電流源が両側性の大脳皮質に推定された．一方，統合失調症群では健常群に比して波形での振幅が有意に低く，健常群で右頭頂葉下部および運動前野に推定された成分が統合失調症群では認められない傾向を示した．特に頭頂葉下部の活動に相当する潜時 250 ms 以降の応答は欠損している場合が多く，後期の成分について群間で有意な差を認めた．周波数解析では，健常群で認められた事象関連のガンマ波の同期が，統合失調症群で主に右頭頂葉領域において減弱〜消失している傾向を示した．

　以上，統合失調症群では健常群と比較して，右頭頂葉下部または上側頭回後部での活動を反映する M2 成分以降の脳活動が減弱しており，これら MNS 全体にわたる応答異常は右頭頂葉下部領域ないしは上側頭回後部における高周波応答の質的異常に起因する可能性が示唆された．上側頭回後部領域は，人の生物学的な動き，特に顔認知の動的な側面 (changeable aspect)，すなわち，共同注視を含めた視線のシフト，表情，口の運動に関する情報の処理に関与していると言われている．この部位に機能的な異常が見出される

ことは，統合失調症における対人関係機能の低下をはじめとした社会認知機能の異常に一致すると考えられる．また，頭頂葉下部は，視覚刺激に対する注意の配分や運動の表象を生成・維持する働きだけでなく，前述した自他の区別に関連が深い．つまり，運動や思考の主体を他者と区別する働きを持つとされる[17]．この頭頂葉下部の機能異常は，統合失調症でしばしば認められる「行為主体感の喪失」ないし「行為における自他弁別の障害」等の症状をもたらす可能性があり，さらには，その前提として自他の感情の区別を必要とする共感能力の異常を引き起こす可能性がある．すなわち，統合失調症における右頭頂葉下部領域ないしは上側頭回後部における高周波 MNS 応答の質的な異常は，自我障害をはじめとする異常体験のみならず，その共感の変容とそれに続く社会的コミュニケーション障害を説明する可能性がある．

　なお，自閉性スペクトラム障害・アスペルガー障害では，認知的共感が障害されている．自閉症では心の理論の障害，すなわち，他人の心の状態の理解が減弱しているとされている．自閉性スペクトラム障害における心の理論障害仮説は，過去 20 年間その社会的能力の障害を説明する仮説として，研究者や臨床家に大きな影響を与えてきた．すなわち，この社会性の障害は，生物学ないしは神経学的な基盤を持つメンタライジングという能力の欠如ないしは障害の結果であるという仮説である．メンタライジングとは，自己や他人に心理的状態を自動的に帰属させることができる能力であり，認知的共感と重複する概念である．しかし，この障害で情動的共感が障害されているかどうかについては，未だ結論が出ていない．すなわち，一方で，他者との自動的な情動の共有は正常であるという見解があり，他方で，潜在的な他者感情の認知や模倣に障害があるとする報告がある．意図的な他者の心の理解は障害されていることで多くの研究者が一致しているにもかかわらず，自動的な情動的共感の障害については意見の一致を見ない理由は，自閉性スペクトラム障害・アスペルガー障害の多様性に因る可能性が高い．今後も検討が必要であろう．

5 共感の過剰

　以上，共感の障害について述べてきたが，興味深い病態として，共感能力が過剰になっていると思われる症候群がある．それは，ウィリアムズ症候群（Williams syndrome）と呼ばれる隣接遺伝子症候群であり，原因は第7染色体長腕11.23領域の半接合体欠失に因ることが明らかにされている[18]．ウィリアムズ症候群は，大動脈弁上部狭窄症，特有の顔貌，視空間構成能力の低下，精神遅滞を特徴とする疾患で，古くは西洋における妖精（フェアリー）の起源とされてきた．近年，その原因遺伝子の解明が進んでおり，構造タンパク質であるエラスチンをコードするELN遺伝子の欠失が大動脈弁上部狭窄の原因であることが証明され，また第7染色体11.23領域に存在する遺伝子 LIMK 1 と視空間認知能力の関連が示唆されている．

　このような生物学的研究が進む一方で，その認知障害が非常に特徴的なプロフィールを持つことが注目されている．その特徴とは，著しい視空間構成能力の障害と読み書きの障害を持つにもかかわらず，人の顔の認知・記憶能力が非常に優秀であり，言語能力も保持されていることである．臨床上この症候群の児童と接すると，他人の顔の記憶が健常者よりも明らかに優秀であることに驚かされる．一方，顔と同じ形態の認知機能であるが，たとえば簡単な図形を模写させるとその成績は非常に不良であり，顔認知能力と空間認知能力の凹凸に驚かされるのである．

　そして，社会認知ないしはコミュニケーション能力の面では，言語面における流暢な会話に加えて，過剰な社会的交流（hypersocialbility）と他者に対する情動過多（hyperaffectivity）を示す．この無頓着に笑顔で他者に接近する態度が，西洋における妖精の起源とされる理由である．この対人場面での特徴は，社会的コミュニケーションと対人相互関係の障害を特徴とする自閉症スペクトラム障害と対照をなすという点でも興味深い．またウィリアムズ症候群の児童は，他者の感情の動きにも敏感であり，その心も理解することができる．これを共感能力という視点から考えれば，ウィリアムズ症候群の

児童は,ほぼ健常な認知的共感能力を持ち,さらに情動的共感の亢進,ないしは,より反射的な感情伝搬の上昇を示すと考えることができよう.ウィリアムズ症候群における共感の過剰についての研究は,これと対照的な自閉症スペクトラム障害におけるコミュニケーション障害の謎を解く鍵になるかもしれない.

また,精神障害の中で,共感能力が亢進している可能性が示唆されている興味深い病態がある.それは,境界型人格障害例である[19].この人格障害を持つケースの臨床的特徴は,衝動性の著しい亢進,頻回の気分変動,対人関係の異常であり,しばしばリストカットなどの自傷行為が見られる.長期間の精神療法が必要であり,治療に難渋することが多い.そして,この境界型人格障害例において情動的共感能力の亢進と認知的共感の低下が示唆されている.この人格障害例に対して行われた情動的共感課題によるfMRI研究の結果では,健常例に比較して,課題中の島皮質領域の活動が上昇していることが報告されている.また,この障害では,メンタライジングの異常がしばしば報告されている.たとえば,行動経済学の課題であり多数回のラウンドを行う信頼ゲームでも,認知的共感の偏移が観察されている.

6 おわりに

サイコパスの特徴を持つ児童期の素行障害および成人の反社会性人格障害における情動的共感能力の減弱,統合失調症における情動的および認知的共感の変容,自閉症スペクトラム障害における認知的共感の障害,そして共感

表1 共感の病理を示す病態.

	情動的共感の低下	情動的共感の保持・亢進
認知的共感の低下	統合失調症 自閉症・アスペルガー障害	自閉症・アスペルガー障害(保持?) 境界型人格障害(亢進?) (前頭葉腹内側部損傷例)
認知的共感の保持・亢進	素行障害・反社会的人格障害 (前頭葉外側下部損傷例)	ウィリアムズ症候群(亢進)

( )は成人以後の脳損傷例を示す.神経発達障害とは異なる病態であることに注意が必要.

の過剰を呈するウィリアムズ症候群について触れた．なお，局在性脳損傷における神経心理学的研究では，前頭葉腹内側部損傷症例における認知的共感の障害および他人の心課題の成績低下と情動的共感の保持が認められ，これと対照的に，前頭葉外側下部領域(特にブロードマン44野)の損傷例では，情動的共感の障害と情動の認知課題の成績低下が認められることが報告されている(44野は，MNSの一員であることに注意されたい)[20]．この所見を含めて，上記の所見を簡略に記したものを，表1に示す．今後の共感の病理に関する研究の一助となれば幸いである．

第 **7** 章

共感と向社会的行動
集団間紛争の問題を通して考える

　世界のさまざまな場所で，多くの人たちが，自らの命の危険も顧みず他者を助けようとする．と同時に，それ以上に多くの人間が，自分の所属する集団を守るために互いに攻撃しあっている．どちらの行動にも，その背景には仲間を思いやる気持ち，共感が関わっている．この章では，人間の共感と向社会的行動の二面性について考えてみたい．

1 共感のしくみと向社会的行動

1-1　共感の定義──共感の多面性

　東日本大震災は，その被害の直接的な原因を考えると地震災害というより津波災害と呼ぶべきだという指摘があるが，このときの津波で，高齢者や障害で動けない人たちを助けようとして，自らも逃げ遅れて犠牲になった人たちが少なくない．また，しばらく前のことだが，東京のある駅で酒に酔って線路に落ちた男性を助けようとして，韓国からの留学生と日本人男性の2人が線路に降り，その男性は助けたものの2人は逃げ遅れて電車にはねられ死亡した．このような，自らの身を挺して他者に援助の手を差しのべる行為は向社会的行動と呼ばれ，その行動の基礎には，相手を思いやる心理的プロセ

スとしての共感があると考えられている．

　共感をテーマにした研究は，哲学，心理学，文化人類学，神経科学，生物学など，多様な分野において数多く行われているが，分野や研究者によって定義はさまざまである．共感に関する研究を展望した最近の学術誌の特集では，共感が，悲しんでいる人に同情したり，援助をしたりするような向社会的行動と関係していることについては研究者間で共有されているが，その概念自体は曖昧でさらに検討が必要と指摘されている．実際，研究者によって，共感を感情の共有とみなす立場，相手の立場を考えるような認知的理解を重視する立場，さらに，向社会的行動の構成要素とみなす立場などがある[1][2]．

　一方で，共感にはこれらの要素のすべてが関係していて，次の3つの能力で構成されているという考え方もある．つまり，他人の感情を知覚し，理解する感情認知能力，相手の考えや行動を予測し，相手の立場に立って考えることのできる役割取得能力，さらに，相手の気持ちと同じ気持ちを自ら経験できる感情調整能力である．本章では，多少表現が変わっても基本的に，共感がこの3つの能力によって構成されるという定義を採用する．

　また，共感には，他者の感情を自分の中で再現する感情シミュレーションに関わる感情的共感と，相手の立場になって考える「心の理論」が関わる認知的共感があると考えられている．さらに，一時的な感情反応としての共感を状態共感と呼び，長期にわたって変化しない性格特性としての共感を特性共感(共感性)と呼ぶことがある．

　福田は，このようにさまざまな観点から論じられている共感に関して，古典哲学から最新の脳科学にわたる知見を包括的に分析し，共感機能は哺乳類に備わった予測能力の一部であり，感情がポジティブであってもネガティブであっても生起する中立的な能力であるとしている[3]．このことは，共感が他者の苦しみや悲しみに対する援助行動を促進するだけでなく，不正義などに対する怒りが集団に広がるような現象もその機能として説明できることを意味している．さらに，共感が，向社会的行動と反社会的行動，また，利己的行動と利他的行動のいずれの喚起にも関係していること，そして，そのために，合理的・不合理的，適応的・非適応的，共生的・非共生的などさま

ざまに表現されうるが，いずれの表現を用いても，共感が関わる現象を単独で包括的に表すことはできないとしている．さらに，このような多様性を考えると，共感を道徳発生の基礎である同情や憐みの感情や向社会的行動との関係に限定して捉えるよりも，その肯定的な面も否定的な面も，ともに人間の能力の1つの表れと考えることが，共感の理解を深めることにつながると論じている．

本章では，この福田の議論に沿って，共感を，感情のポジティブ・ネガティブに依存しない，他者の反応に対応するための行動喚起のしくみであると考える．そのため，結果的に，共感的反応には命をかけて人を助けるといった，人間の道徳的で善き性質を反映していると見なされる側面と，時には徒党を組んで他を攻撃するような，一般的には戒められるべき悪しき側面の両面が備わっていると考える．この点については，第2節でさらに論じることにして，次の項では，共感反応のプロセスを記述したモデルを提案する．多様で曖昧とされている共感に関わる要因の相互関係を図式化して説明することで，共感とその反応のしくみを包括的に理解することを試みる．

1-2 共感反応のモデル

先行する章において，すでに，共感の神経心理学的プロセスを説明するためのモデルが検討されているが（第1章参照），ミラーニューロンシステムへの関心の高まりなどもあり，共感に関する行動と特定脳部位との関連を示そうとする研究は近年活発に行われ，日々新たな知見が報告されている現状である[4]．

このような神経心理学的モデルは，共感に関わる要因と脳回路との関係を端的に示している点で重要であるが，本章のテーマである向社会的行動やそれに関連した共感のプロセスについて検討するためには，より多くの要因の関係を考慮する必要がある．図1に，先行研究で論じられているさまざまな側面や特徴の関係を包括的に示し，共感を他者の反応への対応のしくみとして説明するモデルを示した．ここでは，このモデルを解説するための例として，友人が大事な試験に落ちて悲しんでいるのを見て，自分も悲しくなってしまったという場面を取り上げることにする．

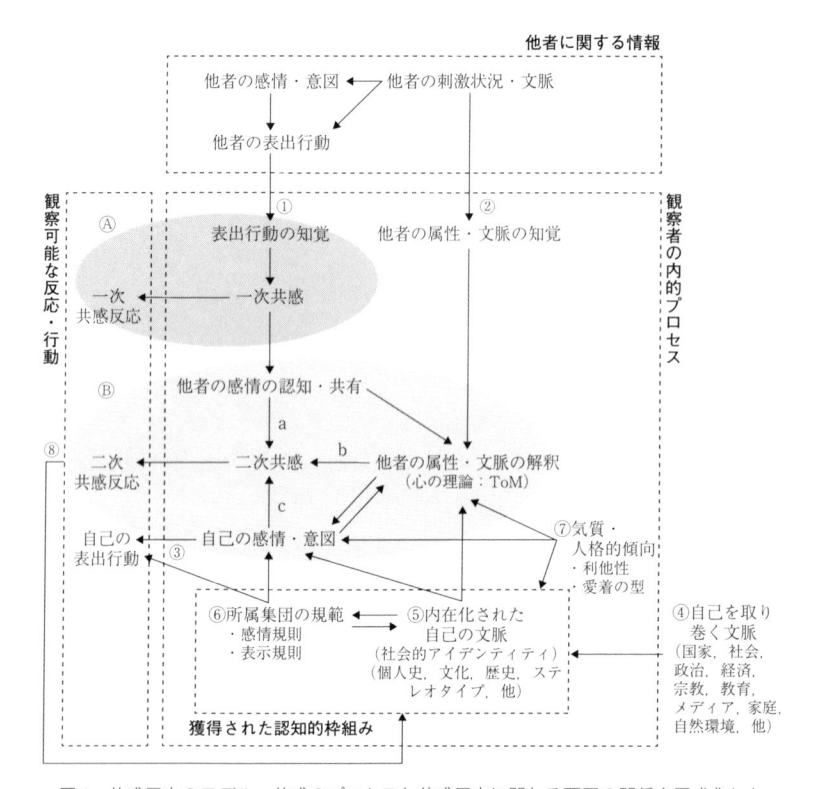

図1 共感反応のモデル．共感のプロセスと共感反応に関わる要因の関係を図式化した．図中の番号と記号は，本文中の説明との対応を示したものである．

(1) このモデルでは，共感反応は，まず，他者に関する情報として表情や声のような表出行動を知覚することから始まるが，同時に，他者に感情を喚起させた刺激状況や文脈に関する情報も知覚される．情報の流れとしては，感情に関する情報(図中の①に対応，以下同様)と認知的な情報(図中②)が想定される．例としては，友人が下を向き，涙を流した，という感情に関する情報とともに，友人が不合格の知らせを受けた，友人は試験のために寝る間も惜しんで準備を続けていた，といった刺激状況や文脈に関する情報を知覚する段階である．

(2) 感情情報を知覚すると，表出の伝染・共鳴反応が生じる(図中Ⓐの網掛け部分)．これは，相手が涙を流しているのを見ると自分も泣いてしまうと

いうような(悲しいという感情を自覚する以前に，泣き顔になってしまう)反応で，主としてミラーニューロンシステム(第1章参照)の反応を想定している．ここでは，このプロセスを一次共感と呼ぶことにする．これは，感情シミュレーションや基礎的共感として説明される感情的共感に相当する段階で，まだ感情の自覚的認知には至っていないが，自動的な反応として生起する．

なお，ミラーニューロンシステムによる行動的反応は総じて弱く，十分な強度に達しなければ，観察可能な反応とはならない．たとえば，他者の表情を見た観察者に表情反応が生じることが指摘されているが，反応としての表情は外見の変化として記録されることはまれで，筋電図を用いた測定によってはじめて検知される程度の表情筋反応であることが多い．この段階は，次段階の感情の認知に寄与するプロセスと考えられる．

(3) 次に，二次共感とそれに関係した部分であるが(図中Ⓑの網掛け部分)，この段階は一般的に共感と呼ばれているプロセスで，感情的心の理論，認知的共感とも関係している．この段階は，認知・共有された他者の感情(矢印 a)と，認知的情報を踏まえて他者の属性や文脈を判断したうえで，他者の視点に立ち，心の理論に基づいた推論を行った結果(矢印 b)と，さらに自己の感情や意図を他者の感情に沿ったものとすること(矢印 c)によって構成される共感である．例としては，相手が悲しんでいるのが分かっていること(a)，相手が大事な試験に不合格であったこと，相手は人並み以上の努力をしてきたことなどから，相手は悲しみや落胆を経験していると推測できること(b)，自分も悲しい気持ちになっていること(c)が統合された状態である．

この二次共感は通常相手に対して明示的に表出され，たとえば，悲しんでいる相手を見て自分も共感によって生じた悲しみを表現するときのように，その内容は一次共感と対応していると考えられる．そのため，共感的表出は，一次共感反応と二次共感反応が組み合わされて表出されるものと考えられる．なお，自己の感情や意図はそれ自体が表出行動(図中③)として表される可能性があるため，実際には，一次，二次の共感反応と合わせて，3つの要素が一連の表出を構成していることになる(図中左側の[観察可能な反応・行動])．

(4) これらのプロセスは，自己を取り巻くさまざまな文脈(図中④)のもとで駆動されており，内在化された自己の文脈(図中⑤)や，所属集団の規範

(図中⑥)の影響を受ける．例としては，家族が非常に共感的で，誰かが喜んでいると一緒に喜び，悲しんでいると共に悲しみ，慰めようとするような行動が頻繁に生起する家庭環境は，子どもに共感的な行動を内在化させるものと思われる．また，自分が女性で，家族から，女の子は思いやりが大切だとしつけられてきたとすると，女性は共感的であるべきだという行動規範を身につけることにつながると考えられる．このような内在化された文脈や規範によって，悲しんでいる友人を放置することができず，共に悲しみ，慰めようとする二次共感に結びついていると説明できる．

さらに，自己を取り巻くさまざまな文脈の例としては，出身地域，政治状況，経済状況，宗教，教育歴，家庭環境，接してきたメディアの情報，自然環境などが考えられる．発達の過程で接したこのような文脈，つまり，さまざまな情報や出来事が内在化されて現在の自己が形成されていると考えられる．また同時に，このような発達の文脈のもとで，ある場面でどのような感情を感じるのが適切か(感情規則)，とか，どのように感情を表すのがよいか(表示規則)，といった，所属集団における行動の規範が習得される．また，以下の項でも紹介するが，所属集団への同一視によって形成される社会的アイデンティティやステレオタイプの効果は，このような内在化された文脈の一面であると考えられる．

(5)共感は，愛着や利他性といった，気質や人格のような個人差要因(図中⑦)によっても規定される．愛着の個人差についての発達心理学的研究では，養育者との分離と再会場面を設定して乳幼児の行動を観察するストレンジシチュエーション法によって，乳幼児に表れる行動の個人差を，A回避型，B安定型，Cアンビバレント型の3タイプに分類している．A型の子どもは養育者との分離にさほど混乱は示さず，常時，相対的に養育者との間に距離を置きがちである．B型は，分離に際しては混乱を示すが，再会に際しては容易に静穏化し，肯定的な感情で養育者を受け入れることができる．C型は，分離に際して激しい苦痛の反応を示し，さらに，再会以降でもそのネガティブな感情状態を引きずり，養育者に強い怒りや抵抗の構えを見せることもある．このような愛着の個人差は成長後の共感的行動にも影響を与えており，さらに，文化差があることを考慮すると，共感や向社会的行動を規定する要

因として重視すべきであろう[5].

(6)最後になるが，表出された行動や反応(図中⑧)は，それ自体が所属集団の規範や内在化された自己の文脈に影響を与え，それらの内容に変更を加える可能性がある．たとえば，自分が友人と共に悲しみ，共感的にふるまったことは，内在化された自己を肯定し，強化すると考えられる．また，女性が共感的にふるまうことを観察する機会が多ければ，女性は共感的にふるまうべきであるという規範は強化されるであろう．

1-3 共感と向社会的行動

本章では共感反応としての行動は本来肯定的でも否定的でもありうると考えるが，共感を肯定的評価や向社会的行動との関連で定義している研究は少なくない．一般に，向社会的行動とは他者に利益をもたらす行動を指し，他人との気持ちのつながりを強め，それをより望ましいものにしようとする行動である．このような行動には，分配行動，援助行動，贈与行動があるとされるが，さらに細かく，寄付・奉仕活動，分与・貸与活動(分け与えたり，貸したりする)，緊急事態における救助行動，労力を必要とする援助行動(手伝いなどで労力を提供する)，迷子や遺失者に対する援助行動，社会的弱者に対する援助行動(席を譲る，手を貸す)，小さな親切行動(道順を教える，傘に入れてあげる)といった類型を想定している研究者もいる[6].

向社会的行動のより限定的な定義としては，外的報酬を期待することなしに，他人や他の人びとを助けようとしたり，こうした人びとのためになることをしようとしたりする行動である．さらに，行動する側に，コスト(損失・自己犠牲・危険など)が発生することもある．このような行動は，利他的行動，愛他的行動とも呼ばれ，進化生物学などの分野では，生物が他の個体などに対して行う，自己の損失を顧みずに他者の利益を図るような行動のことであり，ヒトの場合にもあてはまる．

向社会的行動という概念は，このようなきわめて広い行動を指すが，さらに，これらに加えて，利益を求めたり社会的承認を得たりする行動，自分自身のネガティブな感情を低減することを目的にした行動，他者への同情や，内在化した道徳的行動原則に動機づけられた行動も含まれる．

表1 援助行動の促進要因と抑制要因.

影響の方向	要因の区分	要因	内容
促進的	気質・人格	愛他性	高いほど促進的
		社会的責任感	高いほど促進的
		共感性	高いほど促進的
		養護欲求	高いほど促進的
	生理	覚醒水準	ある程度までは高いほど促進的
	感情・気分	肯定的感情・気分	一貫して促進的
		否定的感情・気分	援助することで不快を解消（結果は一定ではない）
抑制的	人格	マキャベリズム傾向	高いほど抑制的
	生理	極端な覚醒	行動に反映されにくくなる
	感情・気分	否定的感情・気分	不快感などにより注意が自己に集中（結果は一定ではない）
	集団	他者モデル	何もしないことを模倣する
		責任の分散	責任の所在が不明確，他の人が助けてくれるだろう
		他者評価	援助に失敗した場合の他者からの評価を懸念

文献[7][8]に基づいて作成した.

さて，上記の分類にも示されているが，向社会的行動は，多くの場合，援助行動と関係している．また，向社会的行動の発現プロセスを検討している研究では，感情反応から相手の感情を共有する能力である共感性と，相手の立場に立って考えや行動を予想する役割取得，さらに，行動の動機づけとなる向社会的判断の能力が揃うことで，向社会的行動，援助行動に結びつくと考えられている．ただし，共感性を有しているからといって，人間はいつでも助けあうというわけではない．他の人も助けていないから自分も助けなくてよいだろうとか，自分が助けなくても他の人が助けるだろうというように，他者の存在や集団が援助行動を抑制することについてはよく知られているところであるし，性差や相手との利害関係など，人間の共感性や共感的行動にはさまざまな促進・抑制の条件や個人差がある（表1を参照）．

このように，向社会的行動，共感の概念はきわめて広く，その定義も，生起の条件も多様である．第2節においては，集団との関係で改めて向社会的行動と共感の特徴について検討したい．

2 集団間関係と共感——共感が仲間を規定する

　向社会的行動について考えるのであれば，この共感的行動が関わる「社会」について検討しておく必要があるだろう．向社会的行動の定義の中には法に反しない行動という制約を加えたものがあることなども考慮すると，ここでの「社会」の意味として，本来は共感者が所属する組織や行政単位などの社会集団を指すものと思われる．しかし，先行研究では，集団の詳細については必ずしも明示的に定義されていない．仮に集団を特定しないとすると，個人はさまざまな所属集団をもつために，結果的に，ある共感的行動の良し悪しに対する社会的評価も一義的には決まらないことになる．また，暗黙の前提として，この「社会」を人類全体の福祉を表象するものとする解釈もありうる．そうであれば，共感は人類の福祉に貢献する道徳的な行動と結びついているという制約のもとで議論することもできる．

　ただし，実際には，共感的行動は，いつでも人類の福祉に貢献しているとは限らない．これから検討することになるが，共感は，集団間の紛争を引き起こす要因の1つとしても作用するのである．このことは，共感によって喚起された行動が志向する「社会」を，より限定された集団とみなす必要があることを示しているように思われる．この節では，まず向社会的行動の前提となる集団行動について考察するために，社会的アイデンティティ理論を紹介し，集団との関係をどうとらえるかにより，共感が肯定的にも否定的にもなりうる二面性をもっていることを確認する．

2-1　社会的アイデンティティ理論

　集団間の紛争を説明する理論には，現実的に利害が対立することによって相互の敵対的態度や偏見が助長されるというものや，自分自身を個人として見るよりも，所属集団の一員として見るという自己カテゴリー化によって，所属集団内の類似性と外集団との差異のそれぞれを強調する認知を行うことになるという自己カテゴリー化理論などがある．結果的に，内集団をひいき

し，外集団に対しては敵対的な傾向が生じることになる．

　集団間の紛争が引き起こされるための条件は，ただ単に他の集団が存在していることだけである，という結果が示されている．これは最小条件集団と呼ばれるが，1つのクラスを，たとえば，紅組と白組という2つの集団にランダムに分けるだけで，集団間のバイアスが生じ，同一集団の成員をひいきし，別の集団の成員には敵対的な行動を示すことが観察されている．

　このような内集団ひいきの背景として，社会的カテゴリー化と呼ばれる人間の情報処理の様式がある．すなわち，人間には，さまざまな属性に基づいて対象を分類し，カテゴリー化しようとする傾向があり，これは，複雑で混沌とした世界に一定の法則を当てはめることにより，効率的に情報を処理するしくみと考えられる．このような社会的カテゴリー，たとえば，紅組と白組，紅大学と白大学，紅国と白国などのカテゴリーを設定することによって，自己が所属している内集団と他の集団である外集団を想定することができる．さらに，このような社会的カテゴリーの1つである内集団への同一視が，その集団に所属する個人に生じることが指摘されている．個人は，集団の一員であることを自己概念に取り込むことにより，結果的に集団と個人を同一視する．そのために，内集団の価値を維持し，高めることによって，自己概念を高めることができるのである．結果的に，内集団に対しては高い評価を行うなどの内集団ひいきが生じ，外集団に対しては，評価を低める，敵対的に振る舞うなどの行動を示すことによって，相対的に内集団が高い位置を占めるような認知や行動を示すようになるのである[9][10][11]．

2-2　内集団と共感——モデルが意味すること

　社会的アイデンティティに関わる内集団への帰属意識は，内集団の成員に対する共感を促進する．この点は，図1のモデルの下部に示した[獲得された認知的枠組み]に関係している．すなわち，自己を取り巻くさまざまな文脈情報(図中④)は，内在化された自己の文脈(図中⑤)を形成し，個人の社会的アイデンティティを構築する手がかりとなる．その社会的アイデンティティを高め，自己の評価を高めるためには，内集団をひいきすることが個人にとって重要な戦略となり，結果的に，集団内での共感を促進することにつな

がると考えられる．

　さらに，特定の集団への帰属や社会的アイデンティティは，逆に，共感によって促進され，構築されるとも言える．すなわち，他者の表出行動に対して共感反応が生じるということは，そこで，その他者と共感者の間に1つの疑似集団が形成されることを意味する．共感が出発点となり，内集団の芽が形成されるのである．このような共感の輪がより多くの個人に広がり芽が成長すれば，共感によって1つの内集団が形成されることになる．

　ここで改めて，図1のモデルで示した一次共感(Ⓐ)と二次共感(Ⓑ)，さらに自己の感情(③)について検討しておきたい．一次共感は他者の表出行動に対する自動的な反応であり，潜在的に，どのような相手の表出行動に対しても生じると考えられる．すなわち，潜在的にはどのような相手との間にでも内集団の芽が形成される可能性がある．しかし，一般的に，一次共感の反応は弱く，十分に観察可能な反応としては表れにくい．そのため，実際に共感的反応が表出されるためには，二次共感において，認知的な心の理論の面からも(矢印b)，自己の感情の面からも(矢印c)，他者の感情(矢印a)と整合的である場合に，十分な強度を持つ反応として共感が示されることになる．この場合，自己の感情表出も，一次，二次の共感反応と一貫した反応となることが予想されるため，反応の強度も強くなると考えられる．このような十分な強度を持つ共感反応が示されるということは，自らの社会的アイデンティティを確認することにつながり，共感の対象となった他者との間に内集団の芽が形成されると考えられる．

　具体的には，いじめを受けて悲しんでいる他者に接したとき，共感反応を示した観察者は，その相手の悲しみを認知し，相手の立場を認識したうえで，自らもその感情を共有しているということであり，相手と観察者の間には内集団の芽が形成されたと考えられる．一方，共感反応を示さなかった観察者は，共感的経験を生じなかったか，その強度が十分ではなかったか，もしくは，何らかの理由で表出を抑制したということになり，結果的に，相手に対して共感的なメッセージが伝わることはないため，両者の関係はそれ以前と変わらないことになる．

　また，敵対的外集団の成員を保護するという例についても，同様に考える

ことができる．つまり，たとえ助けを求めているのが外集団の成員であったとしても，明示的に共感的反応が示された時点で，その成員と観察者の間に内集団の芽が形成されたと見なすことができる．したがって，その成員を保護する行為は向内集団的である．しかし，このような行為は，観察者が所属する集団にとっては裏切りであり，反社会的と評価される可能性がある．また，観察者においても，自分がもともと所属していた内集団と，共感対象者（もともと外集団の成員）との間に形成された新しい内集団の芽との間で葛藤が生じることになる．

このような状況に当てはまる事例として，退役したイスラエル兵がパレスチナ難民に対する自らの非人道的行為を告白し，イスラエル軍の対応を批判しているという活動がある[12]．すなわち，退役した兵士が，難民に対して自らが行った行為を振り返り，難民の感情を理解し，自らの行為を反省し，告白するという一連の行動は，共感的反応の1つといえるだろう．この共感は，同様の経験をした他のイスラエル兵，さらには難民との間にも共有されて新しい内集団が形成されようとしていると考えられる．他方で，当然予想されるように，イスラエルの国民からは彼らの行為を反社会的として批判する声も上がっている．こうした社会的な葛藤が生じることは新たな困難を作り出すゆゆしき事態であるともいえるが，同時に，集団間の紛争が今ここにあることを示し，それが解決すべき問題であることを改めて考えさせる契機になるともいえるであろう．このような問題に対応するために何をすべきかを考えることは，まさに本章の課題でもある．

2-3 向社会的行動の再定義——共感の二面性と向社会的行動の二面性

共感と内集団の関係を上記のように捉えると，共感の二面性が浮き彫りになる．すなわち，他者がさまざまな感情や意図をもち，それを表出している状況に接した観察者が共感的反応を示したと想定すると，そのバリエーションは，表2に例示したようにネガティブな反応からポジティブな反応までさまざまであるし，その反応に対する社会的評価も一様ではない．たとえば，相手が悲しんでいる場合，怒っている場合，不安を感じている場合，相手と感情を共有し，慰めるという共感反応を示すことがある．この場合，共感反

2 集団間関係と共感　　　　　　　　　　151

表2　共感的反応に関連した要因と共感的反応に対する評価.

他者の感情・行動など	他者の感情・行動の原因など	観察者の共感的反応	反応に対する社会的評価	観察(共感)者と被共感者を内集団とみなした場合の評価
痛み反応	ケガなど	共に痛がる・気の毒に思う	向社会的	向内集団的
希望・期待	明るい未来・良好な経済状況など	共に期待する・喜ぶ	向社会的	向内集団的
喜び	肯定的出来事	共に喜ぶ	向社会的	向内集団的
シャーデンフロイデ・冷笑	第三者の不幸など	共に冷笑する	反社会的	向内集団的
悲しみ	一般的喪失など	共に悲しむ・同情する・慰める	向社会的	向内集団的
悲しみ	災害による喪失など	怒る・原因を排除	向社会的	向内集団的
悲しみ	第三者の攻撃による喪失など	怒る／復讐する	向社会的／反社会的？	向内集団的
怒り	不利益・不正	共に怒る／攻撃する	向社会的／反社会的？	向内集団的
怒り	災害など	共に怒る・原因を排除	向社会的	向内集団的
怒り・屈辱	第三者による攻撃など	慰める／怒る・復讐する・復讐に加担する	向社会的／反社会的？	向内集団的
嫌悪	単純に不快な事物	共に嫌悪する・同情する・慰める	向社会的	向内集団的
嫌悪	特定の集団やその成員など	共に嫌悪する・攻撃する	反社会的	向内集団的
恐れ・不安	個人的評価・災害などの予期	同情する・慰める・憐れむ・備える	向社会的	向内集団的
恐れ・不安	第三者による攻撃などの予期	同情等・備える・怒る／先制攻撃	向社会的／反社会的？	向内集団的
援助要請	妥当な原因が推察される場合など	援助する・同情する・慰める	向社会的	向内集団的
援助要請	本人の責任・敵対的集団の成員など	援助する・同情する・慰める	反社会的？・向社会的	向内集団的

●他者の感情・行動に対して，観察者に生じる可能性のある共感的反応の一部をリストアップした．
●反応に対する社会的評価は，観察者の共感的反応に対して一般的に下される評価である．必ずしも一義的に決まらない場合もあると考えられる．（／（スラッシュ）は項目内でケース分けできると思われる場合に用いた．）
●共感的反応を引き起こした観察者，すなわち，共感（観察）者と被共感者を1つの集団とみなした時に，共感の反応はすべて向内集団的といえる．

応は単純に向社会的といえるだろう．しかし，同じ条件で，相手と感情を共有し，慰めるだけではなく，相手のために共に第三者と戦い，攻撃することも想定できる．このような攻撃行動は，明らかに相手に対する共感的反応ではあるが，反社会的行動とみなされることも珍しくない．1つの状況で示される共感反応には，向社会的に見えるものと反社会的に見えるものがあるだけではなく，1つの反応がある観点からは向社会的で，別の観点からは反社会的ということもある．さらに，「向社会的」という表現には，「よい行い」という肯定的評価が含意されているが，「よい」という評価は絶対的なものではなく，評価者の立場によって変わりうるものである．

具体的な事例としては，第3節で検討する1990年代前半のボスニア・ヘルツェゴビナ紛争に関連したエピソードがある．当時，スルプスカ共和国軍の参謀総長であったラトゥコ・ムラディチは，ボスニアのスレブレニツァにおいてムスリム人男性を中心に6000人以上を虐殺し，虐殺後は隠ぺい工作のために遺体を発掘し，再埋葬を指示したなどの罪状により，ハーグの旧ユーゴスラビア国際戦犯法廷から起訴された．一方で，ムラディチは，やさしく，思いやりをもってふるまう夫であり，父親であるとともに，この紛争で戦う理由を，家族のために，家族を守るためにと，目に涙をためて語るような人物であった[13]．

このように考えると，向社会的行動という概念そのものを再検討する必要が生じてくる．先にも論じたように，向社会的というときの，「社会」とは何かということである．

本章では，向社会的という概念の「社会」は，共感者の規定した内集団を指すものと定義する．すなわち，共感者とその共感の対象者の2人によって構成される内集団の芽から始まり，その共感の広がりによって定義された内集団を想定してそれを「社会」とすると，感情の共有から，同情や慰め，第三者への復讐や攻撃行動まで，あらゆる共感的反応は一貫して内集団としての「社会」にとってよいと評価される．共感的反応は，すべて向内集団的なのである．「社会」という概念が明確に定義されてこなかったために，これらの共感反応のあるものは向社会的であり，別のものは反社会的であると評価され，また，ある状況の下では向社会的であり，別の状況の下では反社

会的であると評価されてきたが，ここで規定した向内集団的という観点で再検討することにより，共感反応に一貫した意味づけをすることができる．

　また，このように考えることにより，共感は，内集団の成員に対して喚起されやすいというだけでなく，共感が喚起されたことが内集団の芽となり，内集団形成のきっかけになると見ることができる．潜在的には，人間は感情の伝染などのしくみによって，直接接する誰とでも内集団を形成することができる能力を持っているということになる．

　ただし，この直接接するという条件は，自然な反応として生じる共感の対象が，通常は直接接することの多い内集団に限定されやすい傾向があり，同時に，それによって喚起される向社会的行動の範囲も制約される可能性があることを示唆している．さらに，直接接する誰とでも，という条件は，それによって形成される内集団は潜在的に変化する可能性があり，柔軟であるとともに，不安定であることを意味している．

3　集団間紛争について考える──共感の役割とその限界

　人間が共感的で向社会的にふるまうのであれば，なぜ，ある集団が他の集団を攻撃し，無抵抗の市民に対しても残虐行為を働くようなことが生じ，また，繰り返されるのだろうか．前節では，共感が向内集団的反応を喚起することを論じたが，一方で，このような共感のはたらきが，「人類」というような抽象的な対象に対して，どの程度喚起されるかは確認されていない．現時点では，このような可能性について十分に検討されていないことと，理論的には共感的行動の範囲が限定的で不安定であると考えられることを踏まえると，所属集団の枠を超えて友好的な関係を築いたり，集団間紛争を解決したりするための能力として，単純に共感とそれによって喚起される向社会的行動に期待を寄せることには慎重になるべきであろう．

　この節では，繰り返される集団間紛争の例として，現実に発生した大量殺人と，そこで共感的反応として生じていると思われる残虐行為を検討し，共感的行動の限界を確認する．さらに，集団間紛争の社会心理学的研究の検討

を通じて，紛争の背景にある集団の心理学的特性について検討する．

3-1 集団間紛争と残虐行為の背景——スレブレニツァ・ジェノサイドの例

　人類の歴史の100年にも満たない期間を振り返るだけで，ナチスによるホロコーストをはじめ，カンボジアのポル・ポト政権による虐殺，スーダン，ダルフールにおける人道的危機，ルワンダでの虐殺，そしてパレスチナ紛争など，集団間紛争の事例は枚挙にいとまがない．旧ユーゴスラビアで繰り返された紛争では，民族浄化というキャッチフレーズまで登場した．
　長(おさ)は，セルビア人，クロアチア人，ムスリム人による勢力圏確保のための陣取り合戦のような様相を呈していた旧ユーゴスラビアにおけるボスニア紛争で発生した，スレブレニツァ・ジェノサイドに焦点を当て分析している[13]．そこでは，6000人を超えるムスリム人の大量殺人が遂行されたのであるが，ジェノサイド発生の主要な要因として，①民族浄化，②復讐，③連続して発生した想定外の事象への対応，④指揮官の心理状態(論理性，合理性を超えた動機)，⑤その他の背景(日常からの連続性)が複合的に作用した可能性が指摘されている．
　この分析では，スレブレニツァの事例は特殊な条件の重なりによって生じた可能性があることが示唆されているが，ここで挙げられた要因は多分に心理学的であり，具体的内容には個別的特徴があったとしても，一般化可能な共感とコミュニケーションの問題という一面もある．
　長の解説に従うと，①民族浄化とは，地域のセルビア化を実現するためにムスリム人を追放するという政策ではあるが，その遂行に際しては，きわめて強い恐怖感情や攻撃行動などが生じていたものと考えられる．また，同時に，②復讐の感情も，仲間とともに敵を追放するという共感的な攻撃行動を促進したものと思われる．ここで取り上げた復讐は，ムスリム人によってセルビア人が虐殺されたというボスニア紛争の一連の出来事についてのセルビア人側の認識に基づく感情である．民族主義がさまざまな形で高められていた当時の状況を考慮すると，セルビア側の兵士には内集団であるセルビア人(民族)としての自己同一視が高まっており，自民族が虐殺されたという情報は非常に強い感情を喚起したものと考えられる．復讐は，その感情が敵とし

てのムスリム人に対して表出された攻撃行動であったとも言える．さらに，仲間の怒り，屈辱などの感情表出に呼応した共感的行動が，集団としての攻撃行動をいっそう促進した可能性があると考えられる．

加えて，予想していない多数の捕虜や難民への対応など，③連続して発生した想定外の事象への対応が迫られた現場における心理的なストレス状態のもとで，攻撃や復讐の文脈での感情的選択がとられやすい状況が生じたと考えられる．また，④リーダーである指揮官の心理状態を一般化することは難しいが，当時の最高意思決定者と考えられているムラディチは，セルビア民族の運命に対する非常に感情的な面と，軍人としての現実的な面が共存する人物とも言われている．また，セルビア人を悪者に仕立てようとする当時のボスニア政府のメディア戦略や，その戦略に乗せられてしまった国際社会の対応による孤立化など，当時セルビアがきわめて困難な状況にあったことは，指揮官にとっても大きなストレスとなっていたと想像される．このような指揮官の人格特性や心理的ストレス状況はジェノサイドの背景要因の1つとして考えることができるだろう．

さらに，⑤その他の背景として，虐殺の対象になったムスリム人は，日常的にセルビア人やクロアチア人から差別され，冗談やからかいの対象になっていたという報告がある．これは，ステレオタイプや偏見が外集団に対する拒絶を促進し，ムスリム人に対する肯定的な共感を抑制することにつながり，結果的に攻撃行動を抑制しにくくする要因の1つになったことを示唆している[13][14][15]．

3-2　集団間紛争の社会心理学的検討

次に，縄田による集団間紛争の発生と激化に関する社会心理学的検討を紹介し，集団間紛争を説明する諸概念を，実際に生じた紛争の実態と比較しつつ，共感との関係で検討してみたい．集団間紛争を検討する観点として，(1)内集団の形成と集団内過程，(2)外集団の認識，(3)内集団と外集団の相互作用を取り上げる[16]．

(1) 内集団の形成と集団内過程

　内集団の形成については，先に紹介したように，社会的カテゴリー化が生じ，所属集団(内集団)と他の集団との関係が顕在化すると，内集団への同一視を伴う社会的アイデンティティを高めるプロセスが生起する．その際，集団間の社会的比較が生じやすくなり，内集団ひいきや外集団への低評価が生起すると考えられる．しかし，これまでの一連の研究によって示された結果では，内集団同一視の傾向と，外集団拒否の関係には一貫したパターンがあるわけではない．すなわち，内集団同一視が高ければ高いほど，外集団を拒否する傾向が強いといった単純な相関関係があるとは考えられていない．

　しかし，先行研究において内集団同一視と外集団拒否の関連性が得られなかったのは，実験の設定で中立的な集団条件が用いられたからではないかという指摘がある．現実の紛争場面で行われた調査では，内集団同一視が集団間攻撃を予測することが示されている．たとえば，9.11テロ事件後に米国で実施された調査では，国家への同一視が高い人ほど報復を望んでいたことが示されている．このような外集団に対する否定的態度は，内集団における集団規範に内集団の優越性を強調したり，外集団を拒否したりする差別的な要素がある場合には，いっそう強調され，逆に，反差別的な規範がある場合には，偏見のような否定的態度が表出されにくいことが示されている．

　内集団ひいきと外集団拒否の関係性を示す結果は，同時に，不安の共有のような共感反応の観点からも解釈することができる．つまり，たとえば米国が攻撃されたことにより喚起された不安が共感プロセスを介して共有され，内集団の成員を守るための向社会的行動として，報復や先制攻撃が求められた可能性もある．また，同時に，共感者を取り巻く現実の紛争場面などの文脈が，内在化された自己の文脈を介して不安や怒りを喚起し，特定の外集団に対して否定的になると解釈できる．

　さらに集団内過程として，集団内協力の促進が結果的に外集団拒否に結びつくことがある．集団内協力が即座に集団間非協力を意味するわけではないが，実験的に，内集団に利益をもたらすことが外集団にはマイナスになるような状況を設定した研究では，外集団の利益を減じることにつながるとしても，内集団の利益を高めるための集団内協力が行われることが示されている．

(2) 外集団の認識

　外集団の認識に関しては，外集団の認知そのものにネガティブなバイアスが存在することが指摘されている．意識化されない反応傾向を指標にした潜在的認知の研究では，外集団を脅威と結びつける連合が形成されていることが示されている．たとえば，実験的に同人種と異人種を恐怖反応と結びつける恐怖条件づけを行った場合，同人種を恐怖と結びつける場合と比べ，異人種を恐怖と結びつける条件づけのほうが消去されにくいことが示されている．さらに，ターゲット人物が武器を持っていることを正しく弁別して銃を撃つゲームを用いた実験が米国で行われているが，ターゲットが黒人の場合やターバンをかぶっている場合に，より速い反応時間で撃たれるとともに，より多く撃ち間違えられることが示されている．この結果は，特定の性質をもつ集団の成員がステレオタイプなどによって脅威と結びついていることを反映しており，外集団に対する防衛的な攻撃反応を引き起こしていると解釈することができる．

　また，外集団の認知に関しては，社会的カテゴリー化とステレオタイプ，さらに，ステレオタイプの極端な適用としての非人間化が生じる場合がある．任意の基準によって社会的なカテゴリーが設定された場合でも，自分が1つの集団に所属すると，それ以外の集団との間にさまざまな認知的区別が行われることになる．個々の集団内は1つのカテゴリーとして類似した性質を有するとみなされ(同化)，集団間では，それぞれに異なる性質を有するものとみなされる(対比効果)．特に，外集団に対してはステレオタイプが適用されやすく，単純化されたラベル付けが行われる．

　ステレオタイプによるラベル付けは，本来中立的なものであり，A国人は勤勉であるとか，B国人は社交的といった肯定的な評価もあれば，C国人は強欲だ，D国人は冷酷だというように否定的な評価につながることもある．しかし，もし外集団が敵対的な関係にある集団であり，紛争の状態にあるとすると，ステレオタイプは否定的なものになり，極端な場合は，外集団をゴキブリや汚物と呼び，「やぶ払い」の対象とみなしたり(ルワンダでのジェノサイドでは，フツがツチの人たちをこのように呼んだ[17])，くそったれなどの蔑称や，ものを指す言葉で特定の集団を呼んだりする非人間化に至

る．非人間化されることにより，相手を「やぶ払い」したり，「浄化」したりすることに対する心理的抵抗も低くなる．

このような外集団に対する認知の特徴は，共感的反応の背景にある心の理論や，心の理論に影響を及ぼす内在化された自己の文脈を規定するものと考えられる．つまり，特定の集団に対するバイアスやネガティブなステレオタイプ，それによって影響を受けるネガティブな感情は，いずれも，相手に対する共感を抑制する効果を持つと考えられる．結果的に，ある個人が，外集団の成員であると認識されることによって，実質的な共感反応を得にくくなることを意味している．

(3) 内集団と外集団の相互作用

集団間の相互作用においては，現実の利害を巡る対立は集団間紛争の分かりやすい説明になる．また，この利害は，個人の利害に関係しているかどうかは重要ではなく，集団に関係していれば影響力を持つ．これは，内集団の同一視が個人にとって重要な意味を持つという社会的アイデンティティ理論によって説明することができる．

集団間の関係に関しては，近年感情の役割に注目した研究が盛んになってきた．内集団への同一視が，集団間に生じた出来事を自分自身に生じた出来事と同様に評価し，肯定的な結果をもたらすものと評価されればポジティブな感情が喚起され，被害を及ぼすと評価されれば怒りや不安が喚起されることになる．この感情喚起のプロセスは，共感的反応とは独立に作動すると考えられるが，共感的状況の場合，結果的には共感的反応と感情反応とは一貫したものとなり，より強度の高い共感的感情反応が表出されると予想される．

たとえば，日本のアニメ作家が，ある国の人たちに認められているのを見て，その国に好意を持つような状況を考えることができるし，内集団の成員が外集団の成員に危害を加えられたことを知り，怒りや恐怖を経験するような場合もある．このような感情は，内集団の内部で広がり，特定の集団に対する集団的感情が醸成されると考えられるが，このような感情の広がりには，共感が重要な役割を果たしている．さらに，集団間の感情は，集団的行動の動機づけを高めることにつながり，代理報復のような集団間の攻撃行動が生

じることも指摘されている．

代理報復とは，たとえば，A 集団の成員 a_1 が外集団 B の成員 b_1 によって危害を加えられた場合，内集団の成員が被害を受けたことに怒りを喚起された集団 A の他の成員 a_2 が，集団 B の危害を加えた当事者とは異なる成員 b_2 に対して報復的な攻撃行動を行うことである．

代理報復は，さまざまな紛争において繰り返されており，たとえばイスラエルとパレスチナの紛争では，ミサイル攻撃などの応酬が絶えない．また，ボスニア紛争のスレブレニツァにおけるジェノサイドでは，セルビア兵が命乞いをするムスリム人に対して「ナセルの罪滅ぼしはお前らがやるんだ」と叫びながら発砲したという証言が報告されている(ナセル・オリッチは，ボスニア・ヘルツェゴビナ共和国軍の師団の指揮官であり，紛争時にセルビア人を多数殺害したとされている[13])．

代理報復のメカニズムは，一面では，同一視している内集団が攻撃され，社会的アイデンティティが傷つけられたことに対する自分自身の怒り感情の表出である．同時に，実際に危害を加えられた内集団の成員（仲間）のための復讐としての共感的行動でもあり，やられたらやり返せという集団の規範に沿った行動でもある．代理報復の状況では，共感は暴力の応酬を動機づける要因にもなっていると考えられる．

4 「共存，共有」のためにできること
——共感をどう生かすか

本講座全体の趣旨は，共に在り，共に有ることの理解と促進である．人と人とがつながって，共存共有の状態が普遍化し，続くとしたら，共感はそのために不可欠な仕組みとして人間を支え，社会を支える重要な役割を果たしていると見なすことができる．しかし，実際には，共感の仕組みには制約がある．本章を終えるにあたり，改めて共感と向社会的行動の関係について確認し，人が，限定的な内集団の中だけではなく，所属集団を超えて広く共に在るために，すなわち人間が人間社会全体にとって向社会的にふるまうことを促進するために何ができるのか，さらに反社会的な振る舞いを抑制するた

めに何を検討すべきなのかについてまとめておきたい．

4-1 集団研究によって示された紛争解決策の評価——共感の視点から

　紛争の背景に関する心理学的分析においては，共感が鍵としての役割を果たしている．また，共感はさまざまな感情に関係しており，集団間の感情イメージがグループ間関係を規定していることが指摘されている[18]．さらにアイデンティティと感情が地政学的にも重要であることに注目した議論も行われており，国民感情を考慮することが，集団間関係を説明したり，予測したりするうえで有効であることが指摘されている．

　モイジ(Dominique Moisi)は，希望，恐怖，屈辱の感情を自信と関係づけて取り上げている[19]．モイジによると，中国やインドでは経済発展に支えられて自信に満ちた希望に，欧米はテロや経済的な凋落に直面して自信が欠如した恐れに，イスラム諸国は自信を傷つけられた屈辱の感情に彩られている．これらの感情から，たとえば屈辱を晴らすために復讐が企てられたり，恐れの感情から脅威に対して先制攻撃を仕掛けたり，防衛的な振る舞いが示されたりすることが予想される．また，希望は，寛容な態度につながり，関係の発展に結びつくと考えられている．これらの感情は，背景的な感情として集団の個々の成員に共有され，集団間の関係はもとより，さまざまな判断や意思決定に影響を与えるものと考えられる．

　縄田は，集団間紛争についての社会心理学的研究を概観した後で，心理学の観点から歴史の影響を検討する必要性を指摘している[16]．この指摘は，過去の事象の時系列的な配置そのものというより，歴史として自己に内在化した内集団の過去についての知識が，共感や集団間関係にどのように影響を与えているかを検討することの重要性を主張するものと思われるが，このような研究は十分には行われていない．関連して，現実に生じている国家間の紛争などの実例に関する調査など，学際的な研究の重要性が指摘されている．実験室での中立的な条件設定とは異なり，常にさまざまな利害関係や緊張関係を伴う集団間の行動を理解するために，心理学にとどまらず，国際関係や歴史，文化などさまざまな領域の研究を総合的に見渡すことが重要であろう．

　さらに，紛争解決のための介入を考える際に，心理学的知見としては，集

団間接触と共通上位集団の形成が有益であることが指摘されている．集団間接触とは外集団の成員と直接接する経験を持つことであり，社会的カテゴリー化のために，相対的に単純化されてしまう傾向のある外集団の成員も，直接的な接触によって，自分たちと同様に個性を有する人間であることを認識できる機会を持つことになる．また，共通上位集団を設定することによって，内集団対外集団として紛争を起こしかねない状況を改善することが示されている．すなわち，内集団ひいきや外集団拒否が生じているような状況であっても，内外の集団を超越した1つの集団，すなわち共通上位集団を設定することによって，内外の集団間のバイアスが低減し，たとえ内集団への同一視が形成されていたとしても，集団間バイアスの程度は低く抑えられることが確かめられている．これは，たとえば国家間の紛争状態を抑えるために，国家を超えた共通の基準で話をしようとすること，すなわち国際的な組織を設置し，共通の前提と目的を設定し，法を整備するなどの働き掛けの重要性を示している．

4-2　向社会的行動の拡張——コスモポリタン・アプローチと共通上位集団

　国際関係の文脈において，上述した共通上位集団の考えを理念化しつつ具体的な取り組みへと結びつけようとする試みがある．カルドー(Mary Kaldor)は，ボスニアでの紛争を事例として検討した著書[20]のなかで，現在の国際社会に蔓延している紛争は，これまでの国家間の紛争とは異なる「新しい戦争」であるとし，恐怖と憎悪を増長する戦略に対抗して，「感情と理性」を育む政治的な対応がとられなくてはならないことを指摘している．そこでは，排除の政治に対して，包容の政治が行われる必要があり，軍閥による犯罪に対抗すべく，国際的な原則や法的規範の遵守が打ち立てられなければならない．つまり，いわゆる国際社会と地域の人々の双方を包み込み，さまざまな形態の自集団中心主義に屈することなく対抗できるような，新しいかたちのコスモポリタン的な政治に向けた人々の動員が必要とされていると論じている．

　カルドーは，コスモポリタン・アプローチとして具体的な紛争解決の手続きを提案しているが，その中で，権力の基礎として暴力ではなく正当性をも

つ国際的規範や制度を構築することと，トップダウンではなく，ボトムアップ型の外交，つまり紛争における戦闘の当事者間の交渉ではなく，点在する，平和指向的な市民勢力の拠点を見出し，これらの集団間の調整を通じて紛争を解決する手段を探ること(伝統的，地域的な紛争解決法や儀式である「ローカル正義システム」の活用など)の重要性を指摘している．これらの指摘は，社会心理学における集団間紛争に関する研究で指摘されている共通上位集団と，集団間の成員同士の直接の接触を重視する理論を具体的な取り組みへと結びつけようとするものと考えることもできる(図2を参照).

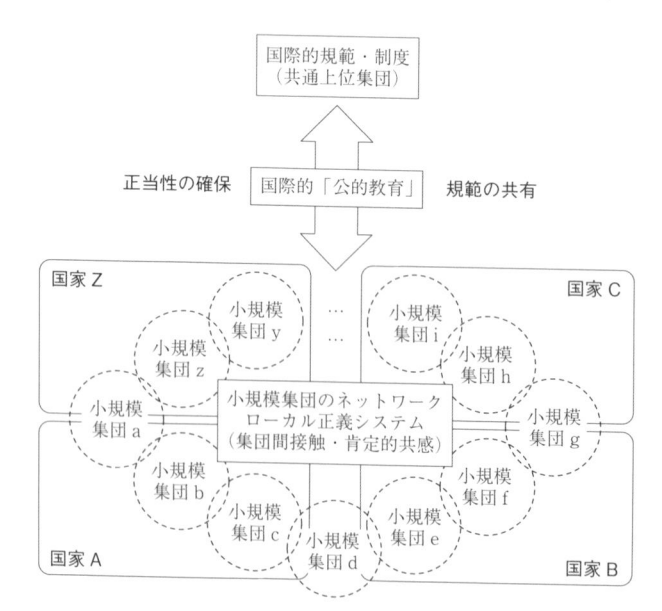

図2 集団間紛争抑制要因としての共通上位集団と集団間接触．コスモポリタン・アプローチ(文献[20])で提唱されている国際的規範・制度，小規模集団間交渉との関係と，国際レベルの「公的教育」の役割．

さらに，このようなアプローチの実践について考えると，理論的には，国際レベルの「公的教育」を考えることができる．たとえば，グローバル教育などの形での取り組みは十分な成果につながっていないという評価もあるが，共通上位集団が正当性を持つためには，国家などの集団を超えた規範を共有することが不可欠であり，そのための手段として教育は非常に重要な役割を

果たすと考えられる．理想論ということになるかもしれないが，教育内容として，人間と人間がつくる集団が有する特徴や制約に関する研究成果に加えて，世界が共有すべき少数のルール，もしくはそのようなルールを策定するための取り組みに関する情報を，世界のあらゆる地域で，各集団がその公的教育の中に取り入れることを検討できないだろうか．

ただし，人間が現実感をもって認知できる身近な集団を超え，どの程度まで抽象化した共通上位集団の理念を内在化できるかは未知数である．人間の基本的な性質を考慮すると，多くの成員との間で共感的反応を直接交換できるレベルの比較的小規模な集団とのかかわりが不可欠である．この点について，現時点で具体的な提案をするとしたら，成員同士が直接コミュニケーションをとることができる小規模集団を形成し，さらに小規模集団間のネットワークを構築することである．その際に，集団間で必ず重なりをもたせ，内集団ひいきが先鋭化したり，外集団に対して排他的になったりする傾向を抑制するような工夫が必要であろう．ただし，重なりがあったとしても，都合の悪い成員を排除するための新たな内集団は容易に形成されてしまうため，やはり集団間に共通上位集団を設定しておくことは不可欠であると思われる．

現実的には，抽象的な国際的規範や制度の内在化の問題と，小規模集団の組織化とネットワーク化をどのように実現し，全体としての均衡をとるかが，今後の重要な研究課題といえるだろう．その際に，人間の共感と感情の仕組みのさらなる解明と，その特徴と限界を個々の人間に自覚させるための教育は不可欠の要素である．

4-3　問題解決への学際的アプローチ

東日本大震災の教訓として，防災の専門家が語った次のような話が印象的であった．コンクリートなどの新しい素材や建築技術が開発され，大きな堤防をつくれば津波を防ぐことができると考えていた．しかし，大きな堤防は作ったが，それより大きな津波が来たら，そのエネルギーを受け止めることができず，簡単に破壊されてしまい，結局，たいして役に立たなかった．むしろ，古い時代につくられていたような，コンクリートも使わない小さな堤防を組み合わせて，少しずつ津波のエネルギーを受け止め小さくしていくよ

うなやり方が効果的であった．

　この話は，そのまま，集団間の紛争にも当てはまるように思われる．大規模な集団が攻撃的になると，それはあたかも津波のようにすべてを呑み込む大きなエネルギーを持つ流れとなってしまう．それをたとえば，国際的な規範や制度の制定といった，ただ1つの堤防で防ごうとすることは現実的な対応ではない．たとえば，感情や共感，道徳などの，個人レベル，集団レベルでの分析とその成果を踏まえた対応や教育的取り組み，国家レベルでの法や制度の検討や整備，さらには国際的な法や制度の検討や整備など，1つ1つの方策を組み合わせ，紛争に向かう集団のエネルギーをさまざまな形で分散させるための対応を準備する必要があるだろう．

　これまで，特定の学問領域における研究や実践が進められてきてはいるが，領域間のコミュニケーションや情報共有は十分ではなかった．このような状況に対して，たとえば，石田は，平和構築の土台として，次の4つの研究分野を想定できるとしている[17]．①社会に当然のように存在している紛争を「暴力」によらずに処理するための民主的政治プロセスと，「正義」の実現のための「法の支配」としての紛争処理・管理のガバナンス，②貧富の格差や社会的差別などの紛争の構造要因や紛争によって利益を得るいわゆる紛争経済を探求し，これを緩和するための経済・社会開発，③紛争中の避難民へ医療，食料，テントなどの救命措置，および紛争直後の動員解除・武装解除・再統合，復旧・復興のための人道・復興援助，④長期的な視点から，平和の定着，永続化のための和解や相互理解を醸成し，暴力的紛争を予防する人文・教育分野に焦点を当てた予防開発でもある人間開発である．さらに，これらの4分野は，現実には連続し，相互に重なり合い，絡み合っているため，総合的に研究する必要があることを指摘している（[17] p. 424）．

　ここで挙げられているすべての分野が人間による人間のための営みである以上，共存，共有を目指す「コミュニケーションの科学」はそのさまざまな側面に深く関わっている．共感や向社会的行動を含むコミュニケーションの科学的理解を進めることにより，たとえば，先に紹介したコスモポリタン・アプローチのような理念的，理論的提案に対する科学的検証や，現実場面への応用可能性の評価，さらに科学的理論に基づく具体的な対策の提案などの

形で，集団間紛争の抑制や平和構築にも一定の寄与をすることができると思われる．

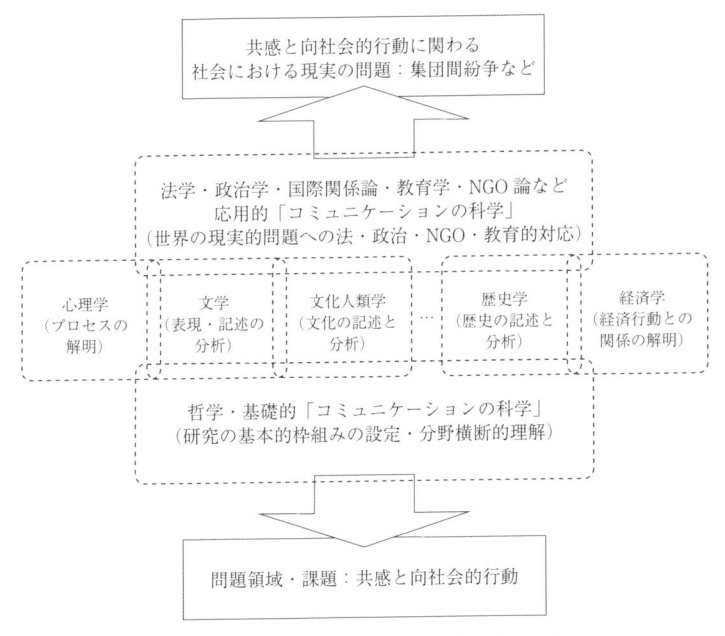

```
           共感と向社会的行動に関わる
         社会における現実の問題：集団間紛争など
                    ▲
   ┌────────────────────────────────────────┐
   │   法学・政治学・国際関係論・教育学・NGO論など   │
   │       応用的「コミュニケーションの科学」       │
   │  （世界の現実的問題への法・政治・NGO・教育的対応）│
   ├──────┬──────┬──────┬──────┬──────┤
   │ 心理学 │ 文学  │文化人類学│ 歴史学 │ 経済学 │
   │(プロセス│(表現・ │(文化の │(歴史の │(経済行動│
   │ の    │ 記述の │ 記述と │ 記述と │ との  │
   │ 解明) │ 分析) │ 分析) │ 分析) │関係の解明)│
   ├──────┴──────┴──────┴──────┴──────┤
   │       哲学・基礎的「コミュニケーションの科学」   │
   │  （研究の基本的枠組みの設定・分野横断的理解）   │
   └────────────────────────────────────────┘
                    ▼
         問題領域・課題：共感と向社会的行動
```

図3 共感と向社会的行動への学際的アプローチ．

さらに，より具体的には，人間開発の基礎として，すなわち長期的な視点から平和の定着，永続化のための和解や相互理解を醸成し，暴力的紛争を回避するための人文・教育分野に焦点を当てた予防開発として，共感や向社会的行動の理解は不可欠である．今後，人類社会にとっての「向社会的行動」を促進し，反社会的行動を抑制するためにも，改めて共感の特徴をより深く理解することを目指した取り組みを，特定の分野にとどまらず，哲学，心理学，文学，文化人類学，歴史学，経済学，法学，政治学，国際関係論など，複数の学問分野を融合しつつ推進し，学際的に検討していくことが肝要である．「コミュニケーションの科学」は，これらの分野をつなぐ横糸として，その基礎と応用の両面において重要な役割を果たすことが期待されていると言えよう（図3を参照）．

参考文献

第1章

[1] James, W. (1884). What is an emotion? *Mind*, 9, 188-205.
[2] Davis, M. H. (1983). Measuring individual differences in empathy: Evidence for a multidimensional approach. *Journal of Personality and Social Psychology*, 44, 113-126.
[3] Decety, J., & Lamm, C. (2006). Human empathy through the lens of social neuroscience. *Scientific World Journal*, 6, 1146-1163.
[4] Preston, S. D., & de Waal, F. B. (2002). Empathy: Its ultimate and proximate bases. *Behavioral and Brain Sciences*, 25, 1-20.
[5] Gutsell, J. N., & Inzlicht, M. (2012). Intergroup differences in the sharing of emotive states: Neural evidence of an empathy gap. *Social Cognitive and Affective Neuroscience*, 7, 596-603.
[6] Rizzolatti, G., Fadiga, L., Gallese, V., & Fogassi, L. (1996). Premotor cortex and the recognition of motor actions. *Cognitive Brain Research*, 3, 131-141.
[7] Davis, M. H. (1994). *Empathy: A Social Psychological Approach*. HarperCollins.(菊池章夫訳)共感の社会心理学——人間関係の基礎, 川島書店, 1999.
[8] McDougall, W. (1908). *An Introduction to Social Psychology*. Methuen.
[9] Hoffman, M. L. (2000). *Empathy and Moral Development: Implications for Caring and Justice*. Cambridge University Press.(菊池章夫, 二宮克美訳)共感と道徳性の発達心理学——思いやりと正義のかかわりで, 川島書店, 2001.
[10] Tichener, E. (1909). *Elementary Psychology of the Thought Processes*. Macmillan.
[11] Smith, A. (1759/2009). *The Theory of Moral Sentiments*. Penguin books.(村井章子, 北川知子訳)道徳感情論, 日経BPクラシックス, 2014.
[12] Hobbes, T. (1651). *Leviathan: Or the Matter, Forme and Power of a Commonwealth, Eccelesiastical and Civil*. Crooke.(水田洋訳)リヴァイアサン, 岩波書店, 1954; 1992.
[13] Tomasello, M. (2009). *Why We Cooperate*. MIT Press.(橋彌和秀訳)ヒトはなぜ協力するのか, 勁草書房, 2013.
[14] Seyfarth, R. M., & Cheney, D. L. (2013). Affiliation, empathy and the origins of theory of mind. *Proceedings of the National Academy of Sciences of the United States of America*, 110(Suppl. 2), 10349-10356.

[15] de Waal, F. (2009). *The Age of Empathy: Nature's Lessons for a Kinder Society*. Random house.(柴田裕之訳)共感の時代へ――動物行動学が教えてくれること, 紀伊國屋書店, 2010.
[16] Szalavitz, M., & Perry, B. D. (2010). *Born for Love*. HarperCollins.(戸根由紀恵訳)子どもの共感力を育てる, 紀伊國屋書店, 2012.
[17] Hillis, A. E. (2014). Inability to empathize: Brain lesions that disrupt sharing and understanding another's emotions. *Brain*, 137, 981-997.
[18] Zaki, J., & Ochsner, K. N. (2012). The neuroscience of empathy: Progress, pitfalls and promise. *Nature Neuroscience*, 15, 675-680.
[19] Premack, D., & Woodruff, G. (1978). Does the chimpanzee have a theory of mind? *Behavioral and Brain Sciences*, 1, 515-526.
[20] Castelli, F., Happé, F., Frith, U., & Frith, C. (2000). Movement and mind: A functional imaging study of perception and interpretation of complex intentional movement patterns. *NeuroImage*, 12, 314-325.
[21] Gallagher, H. L., & Frith, C. D. (2003). Functional imaging of 'theory of mind'. *Trends in Cognitive Sciences*, 7, 77-83.
[22] Pelphrey, K. A., Morris, J. P., & McCarthy, G. (2005). Neural basis of eye gaze processing deficits in autism. *Brain*, 128, 1038-1048.
[23] Saxe, R., & Kanwisher, N. (2003). People thinking about thinking people: The role of the temporo-parietal junction in "theory of mind". *NeuroImage*, 19, 1835-1842.
[24] Vogeley, K., Bussfeld, P., Newen, A., Herrmann, S., Happé, F., Falkai, P., Maier, W., Shah, N. J., Fink, G. R., & Zilles, K. (2001). Mind reading: Neural mechanisms of theory of mind and self-perspective. *NeuroImage*, 14, 170-181.
[25] Northoff, G., & Bermpohl, F. (2004). Cortical midline structures and the self. *Trends in Cognitive Sciences*, 8, 102-107.
[26] 梅田聡(2010). 情動を生み出す身体と脳のメカニズム. 神経心理学, 26, 47-53.
[27] Shmuel, A., Yacoub, E., Pfeuffer, J., Van de Moortele, P. F., Adriany, G., Hu, X., & Ugurbil, K. (2002). Sustained negative BOLD, blood flow and oxygen consumption response and its coupling to the positive response in the human brain. *Neuron*, 36, 1195-1210.
[28] Greicius, M. D., Srivastava, G., Reiss, A. L., & Menon, V. (2004). Default-mode network activity distinguishes Alzheimer's disease from healthy aging: Evidence from funciontal MRI. *Proceedings of the National Academy of Sciences of the United States of America*, 101, 4637-4642.
[29] Zysset, S., Huber, O., Ferstl, E., & von Cramon, D. Y. (2002). The anterior frontomedian cortex and evaluative judgment: An fMRI study. *NeuroImage*, 15,

983-991.
[30] Kampe, K. K., Frith, C. D., & Frith, U. (2003). "Hey John": Signals conveying communicative intention toward the self activate brain regions associated with "mentalizing," regardless of modality. *Journal of Neuroscience*, 23, 5258-5263.
[31] Decety, J., Chaminade, T., Grèzes, J., & Meltzoff, A. N. (2002). A PET exploration of the neural mechanisms involved in reciprocal imitation. *NeuroImage*, 15, 265-272.
[32] Baron-Cohen, S., Leslie, A. M., & Frith, U. (1985). Does the autistic child have a "theory of mind"? *Cognition*, 21, 37-46.
[33] Baron-Cohen, S. (1989). The autistic child's theory of mind: A case of specific developmental delay. *Journal of Child Psychology and Psychiatry*, 30, 285-297.
[34] Allison, T., Puce, A., & McCarthy, G. (2000). Social perception from visual cues: Role of the STS region. *Trends in Cognitive Sciences*, 4, 267-278.
[35] Happé, F. G. E. (1994). An advanced test of theory of mind: Understanding of story characters' thoughts and feelings by able autistic, mentally handicapped and normal children and adults. *Journal of Autism and Developmental Disorders*, 24, 129-154.
[36] Baron-Cohen, S., O'Riordan, M., Stone, V., Jones, R., & Plaisted, K. (1999). Recognition of faux pas by normally developing children and children with Asperger syndrome or high-functioning autism. *Journal of Autism and Developmental Disorders*, 29, 407-418.
[37] Umeda, S., Mimura, M., & Kato, M. (2010). Acquired personality traits of autism following damage to the medial prefrontal cortex. *Social Neuroscience*, 5, 19-29.
[38] Bird, C. M., Castelli, F., Malik, O., Frith, U., & Husain, M. (2004). The impact of extensive medial frontal lobe damage on 'Theory of Mind' and cognition. *Brain*, 127, 914-928.
[39] Baron-Cohen, S., Wheelwright, S., Skinner, R., Martin, J., & Clubley, E. (2001). The autism-spectrum quotient (AQ): Evidence from Asperger syndrome/high-functioning autism, males and females, scientists and mathematicians. *Journal of Autism and Developmental Disorders*, 31, 5-17.
[40] Anderson, S. W., Bechara, A., Damasio, H., Tranel, D., & Damasio, A. R. (1999). Impairment of social and moral behavior related to early damage in human prefrontal cortex. *Nature Neuroscience*, 2, 1032-1037.
[41] Rizzolatti, G., & Craighero, L. (2004). The mirror-neuron system. *Annual Review of Neuroscience*, 27, 169-192.
[42] Brass, M., & Heyes, C. (2005). Imitation: Is cognitive neuroscience solving

the correspondence problem? *Trends in Cognitive Sciences*, 9, 489-495.
[43] Leslie, K. R., Johnson-Frey, S. H., & Grafton, S. T. (2004). Functional imaging of face and hand imitation: Towards a motor theory of empathy. *NeuroImage*, 21, 601-607.
[44] Hadjikhani, N., Joseph, R. M., Snyder, J., & Tager-Flusberg, H. (2006). Anatomical differences in the mirror neuron system and social cognition network in autism. *Cerebral Cortex*, 16, 1276-1282.
[45] Baron-Cohen, S. (2002). The extreme male brain theory of autism. *Trends in Cognitive Sciences*, 6, 248-254.
[46] Lai, M.-C., Lombardo, M. V., Suckling, J., Ruigrok, A. N. V., Chakrabarti, B., Ecker, C., Deoni, S. C., Craig, M. C., Murphy, D. G. M., Bullmore, E. T., MRC AIMS Consortium, & Baron-Cohen, S. (2013). Biological sex affects the neurobiology of autism. *Brain*, 136, 2799-2815.
[47] Cheng, Y. W., Tzeng, O. J., Decety, J., Imada, T., & Hsieh, J. C. (2006). Gender differences in the human mirror system: A magnetoencephalography study. *Neuroreport*, 17, 1115-1119.
[48] Baron-Cohen, S. (2011). *Zero Degrees of Empathy*. Penguin.
[49] Domes, G., Heinrichs, M., Michel, A., Berger, C., & Herpertz, S. C. (2007). Oxytocin improves "mind-reading" in humans. *Biological Psychiatry*, 61, 731-733.
[50] Hollander, E., Bartz, J., Chaplin, W., Phillips, A., Sumner, J., Soorya, L., Anagnostou, E., & Wasserman, S. (2007). Oxytocin increases retention of social cognition in autism. *Biological Psychiatry*, 61, 498-503.
[51] Nagasawa, M., Kikusui, T., Onaka, T., & Ohta, M. (2009). Dog's gaze at its owner increases owner's urinary oxytocin during social interaction. *Hormones and Behavior*, 55, 434-441.
[52] Atzil, S., Hendler, T., & Feldman, R. (2013). The brain basis of social synchrony. *Social Cognitive and Affective Neuroscience*, doi:10.1093/scan/nst105.
[53] Hatfield, E., Cacioppo, J. T., & Rapson, R. L. (1994). *Emotional Contagion*. Cambridge University Press.
[54] Frith, C. (2007). *Making Up the Mind: How the Brain Creates Our Mental World*. Blackwell.(大堀壽夫訳)心をつくる――脳が生みだす心の世界,岩波書店, 2009.
[55] Craig, A. D. (2002). How do you feel? Interoception: The sense of the physiological condition of the body. *Nature Reviews Neuroscience*, 3, 655-666.
[56] Craig, A. D. (2009). How do you feel—now? The anterior insula and human awareness. *Nature Reviews Neuroscience*, 10, 59-70.
[57] Singer, T., Seymour, B., O'Doherty, J., Kaube, H., Dolan, R. J., & Frith, C. D.

(2004). Empathy for pain involves the affective but not sensory components of pain. *Science*, 303, 1157-1162.
[58] Sherrington, C. S. (1906). *The Integrative Action of the Nervous System*. Yale University Press.
[59] Terasawa, Y., Fukushima, H., & Umeda, S. (2013). How does interoceptive awareness interact with the subjective experience of emotion? An fMRI study. *Human Brain Mapping*, 34, 598-612.
[60] Terasawa, Y., Shibata, M., Moriguchi, Y., & Umeda, S. (2013). Anterior insular cortex mediates bodily sensibility and social anxiety. *Social Cognitive and Affective Neuroscience*, 8, 259-266.
[61] Di Martino, A., Ross, K., Uddin, L. Q., Sklar, A. B., Castellanos, F. X., & Milham, M. P. (2009). Functional brain correlates of social and nonsocial processes in autism spectrum disorders: An ALE meta-analysis. *Biological Psychiatry*, 65, 63-74.
[62] Sifneos, P. E. (1973). The prevalence of 'alexithymic' characteristics in psychosomatic patients. *Psychotherapy and Psychosomatics*, 22, 255-262.
[63] 守口善也(2014). 心身症とアレキシサイミア——情動認知と身体性の関連の観点から. 心理学評論, 57, 77-92.
[64] Harlow, J. M. (1848). Passage of an iron rod through the head. *Boston Medical and Surgical Journal*, 39, 389-393.
[65] Bechara, A., Damasio, A. R., Damasio, H., & Anderson, S. W. (1994). Insensitivity to future consequences following damage to human prefrontal cortex. *Cognition*, 50, 7-15.
[66] Bechara, A., Damasio, H., Tranel, D., & Damasio, A. R. (1997). Deciding advantageously before knowing the advantageous strategy. *Science*, 275, 1293-1295.
[67] Damasio, A. R. (1994). *Descartes' Error: Emotion, Reason, and the Human Brain*. Putnam.(田中三彦訳)生存する脳——心と脳と身体の神秘, 講談社, 2000.
[68] Blair, R. J. R. (2008). Fine cuts of empathy and the amygdala: Dissociable deficits in psychopathy and autism. *Quarterly Journal of Experimental Psychology*, 61, 157-170.

第 2 章
[1] 新村出(編)(2008). 広辞苑　第 6 版. 岩波書店.
[2] Hay, D. F., & Cook, K. V. (2007). The transformation of prosocial behavior from infancy to childhood. In C. A. Brownell, & C. B. Kopp (eds.), *Socioemotional Development in the Toddler Years*. Guilford Press.
[3] Warneken, F., & Tomasello, M. (2009). The roots of human altruism. *British

Journal of Psychology, 100, 455-471.

[4] Vaish, A., & Warneken, F. (2012). Social-cognitive contributors to young children's empathic and prosocial behavior. In J. Decety (ed.), *Empathy: From Bench to Bedside*. The MIT Press.

[5] Eisenberg, N., Fabes, R. A., Murphy, B., Karbon, M., Maszk, P., Smith, M., O'Boyle, C., & Suh, K. (1994). The relations of emotionality and regulation to dispositional and situational empathy-related responding. *Journal of Personality and Social Psychology*, 66, 776-797.

[6] Eisenberg, N., Spinrad, T. L., & Sadovsky, A. (2006). Empathy-related responding in children. In M. Killen, & J. G. Smetana (eds.), *Handbook of Moral Development*. Laurence Erlbaum Associates.

[7] Batson, C. D. (1987). Prosocial motivation: Is it ever truly altruistic? In L. Berkowitz (ed.), *Advances in Experimental Social Psychology*, 20. Academic Press.

[8] Eisenberg, N., Shea, C. L., Carlo, G., & Knight, G. P. (1991). Empathy-related responding and cognition: A "chicken and the egg" dilemma. In W. Kurtines, & J. Gewirtz (eds.), *Handbook of Moral Behavior and Development*, vol. 2: *Research*. Laurence Erlbaum Associates.

[9] Carruthers, P., & Smith, P. (1996). *Theories of Theories of Mind*. Cambridge University Press.

[10] Wellman, H. (1990). *The Child's Theory of Mind*. MIT Press.

[11] Wellman, H., & Woolley, J. (1990). From simple desires to ordinary beliefs: The early development of everyday psychology. *Cognition*, 35, 245-275.

[12] Davis, M. (1983). Measuring individual differences in empathy: Evidence for a multidimensional approach. *Journal of Personality and Social Psychology*, 44, 113-126.

[13] Zahn-Waxler, C., Radke-Yarrow, M., Wagner, E., & Chapman, M. (1992). Development of concern for others. *Developmental Psychology*, 28, 126-136.

[14] Knafo, A., & Uzefovsky, F. (2013). Variation in empathy. In M. Legerstee, D. W. Haley, & M. H. Bornstein (eds.), *The Infant Mind*. Guilford Press.

[15] Knafo, A., Zahn-Waxler, C., Van Hulle, C., Robinson, J. L., & Rhee, S. H. (2008). The developmental origins of a disposition toward empathy: Genetic and environmental contribution. *Emotion*, 8, 737-752.

[16] Decety, J., & Jackson, P. (2004). The functional architecture of human empathy. *Behavioral and Cognitive Neuroscience Review*, 3, 71-100.

[17] Shamay-Tsoory, S. G., Aharon-Peretz, J., & Perry, D. (2009). Two systems for empathy: A double dissociation between emotional and cognitive empathy in inferior frontal gyrus versus ventromedial prefrontal lesions. *Brain*, 132, 617-627.

[18] Blair, R. (2005). Responding to the emotions of others: Dissociating forms of

empathy through the study of typical and psychiatric populations. *Consciousness and Cognition*, 14, 698-718.
[19] Sagi, A., & Hoffman, M. (1976). Empathic distress in the newborn. *Developmental Psychology*, 12, 175-176.
[20] Preston, S., & de Waal, F. (2003). Empathy: Its ultimate and proximate bases. *Behavioral and Brain Sciences*, 25, 1-20.
[21] Decety, J., & Meyer, M. (2008). From emotion resonance to empathic understanding: A social developmental neuroscience account. *Development and Psychopathology*, 20, 1053-1080.
[22] Singer, T., Seymour, B., O'Doherty, J., Kaube, H., Dolan, R. J., & Frith, C. D. (2004). Empathy for pain involves the affective but not sensory components of pain. *Science*, 303, 1157-1162.
[23] Lewis, M. (2011). Learning from living leaders. In R. D. Parke, & A. Clarke-Stewart (eds.), *Social Development*. John Wiley & Sons, Inc.
[24] Hoffman, M. L. (1981). Is altruism part of human nature? *Journal of Personality and Social Psychology*, 40, 121-137.
[25] Hoffman, M. L. (2000). *Empathy and Moral Development: Implications for Caring and Justice*. Cambridge University Press.
6カ月児と10カ月児は，アニメーション刺激における善悪の振る舞いに基づいて，それらに対する社会的評価をくだす．
[26] van der Mark, I. L., van Ijzendoorn, M. H., & Bakermans-Kranenburg, M. J. (2002). Development of empathy in girls during second year of life: Associations with parenting, attachment, and temperament. *Social Development*, 11, 451-468.
[27] Lamb, S., & Zakhireh, B. (1997). Toddler's attention to the distress of peers in a day care setting. *Early Education and Development*, 8, 105-118.
[28] 松澤正子，山口千尋，板倉昭二，福田幸男(2003)．1～2歳児の共感行動の発達——心拍反応との関連．昭和女子大学生活心理研究所紀要，5，56-62．
[29] 澤田瑞也(1992)．共感の心理学——そのメカニズムと発達，世界思想社．
[30] Hoffman, M. L. (1975). Developmental synthesis of affect and cognition and its implications for altruistic motivation. *Developmental Psychology*, 11, 607-622.
[31] Hamlin, J. K., Wynn, K., & Bloom, P. (2007). Social evaluation by preverbal infants. *Nature*, 450, 557-559.
2つの幾何学図形の攻撃・非攻撃の関係を見せると，10カ月児は，被攻撃の物体を選好する．同情的行動の萌芽．
[32] Hamlin, J. K., Wynn, K., & Bloom, P. (2010). Three-month-olds show a negativity bias in their social evaluations. *Developmental Science*, 13, 923-929.
[33] Hamlin, J. K. (2013). Failed attempts to help and harm: Intention versus out-

come in preverbal infants' social evaluations. *Cognition*, 128, 451-474.
[34] Hamlin, J. K., Wynn, K., Bloom, P., & Mahajan, N. (2011). How infants and toddlers react to antisocial others. *Proceedings of the National Academy of Sciences of USA*, 108, 19931-19936.
[35] 鹿子木康弘(印刷中). 発達早期における向社会性──その性質と変容. 発達心理学研究.
[36] Kanakogi, Y., Okumura, Y., Inoue, Y., Kitazaki, M., & Itakura, S. (2013). Rudimentary sympathy in preverbal infants: Preference for others in distress. *PLoS ONE*, 8(6), e65292.
共感行動や道徳行動の発達について論じている.
[37] 鹿子木康弘(2011). 他者理解における個体発生のプロセスおよびそのメカニズム──知覚と行為の関連から. 京都大学博士論文.
[38] Vaish, A., Carpenter, M., & Tomasello, M. (2009). Sympathy through affective perspective taking and its relation to prosocial behavior in toddlers. *Developmental Psychology*, 45, 534-543.
[39] Eisenberg, N., Fabes, R., & Spinrad, T. (1998). Prosocial development. In W. Damon, & N. Eisenberg (eds.), *Handbook of Child Psychology*, vol. 3: *Social, Emotional, and Personality Development* (pp. 646-718). Wiley.
[40] マイケル・トマセロ(橋彌和秀訳)(2013). ヒトはなぜ協力するのか, 勁草書房.
[41] Warneken, F., & Tomasello, M. (2007). Helping and cooperation at 14 months of age. *Infancy*, 11, 271-294.
[42] Warneken, F., & Tomasello, M. (2008). Extrinsic rewards undermine altruistic tendencies in 20-month-olds. *Developmental Psychology*, 44, 1785-1788.
[43] Warneken, F., & Tomasello, M. (2006). Altruistic helping in human infants and young chimpanzees. *Science*, 311, 1301-1303.
[44] Ekman, P., & Friesen, W. V. (1969). The repertoire of nonverbal behavior: Categories, origins, usage, and coding. *Semiotica*, 1, 49-98.
[45] Zahn-Waxler, C., & Robinson, J. (1995). Empathy and guilt: Early origins of feelings of responsibility. In J. P. Tangney, & K. W. Fischer (eds.), *Self-conscious Emotions: The Psychology of Shame, Guilt, Embarrassment, and Pride* (pp. 143-174). Guilford Press.
[46] Lewis, M. (1995). Aspects of self: From systems to idea. In P. Rochat (ed.), *The Self in Infancy: Theory and Research*. Elsevier.
[47] Cohen-Bendahan, C., van de Beek, C., & Berenbaum, S. (2005). Prenatal sex hormone effects on child and adult sex-types behavior: Methods and findings. *Neuroscience and Biobehavioral Reviews*, 29, 353-384.
[48] Eisenberg, N., Fabes, R., Schaller, M., Carlo, G., & Miller, P. (1991). The re-

lations of parental characteristics and practices to children's vicarious emotional responding. *Child Development*, 62, 1393-1408.
[49] Soenens, B., Duriez, B., Vansteenkiste, M., & Goossens, L. (2007). The intergenerational transmission of empathy-related responding in adolescence: The role of maternal support. *Personality and Social Psychology Bulletin*, 33, 299-311.
[50] Cooke, M., Ford, J., Levine, J., Bourke, C., Newell, L., & Lapidus, G. (2007). The effects of city-wide implementation of "Second Step" on elementary school students' prosocial and aggressive behaviors. *Journal of Primary Prevention*, 28, 93-115.
[51] Holsen, I., Smith, B., & Frey, K. (2008). Outcomes of the social competence program second step in Norwegian elementary schools. *School Psychology International*, 29, 71-88.
[52] Feshbach, N. D., & Feshbach, S. (2009). Empathy and education. In J. Decety, & W. Ickes (eds.), *The Social Neuroscience of Empathy*. MIT Press.
[53] Gleason, K., Jensen-Campbell, L., & Ickes, W. (2009). The role of empathic accuracy in adolescents' peer relations and adjustment. *Personality and Social Psychology Bulletin*, 35, 997-1011.
[54] Ciarrochi, J., Chan, A., & Bajgar, J. (2001). Measuring emotional intelligence in adolescents. *Personality and Individual Differences*, 31, 1105-1119.
[55] Chakrabarti, B., Dudbridge, F., Kent, L., Wheelwright, S., Hill-Cawthorne, G., Allison, C. et al. (2009). Genes related to sex steroids, neural growth, and social-emotional behavior are associated with autistic traits, empathy, and Asperger syndrome. *Autism research*, 2, 157-177.
[56] Rodrigues, S. M., Saslow, L. R., Garcia, N., John, O. P., & Keltner, D. (2009). Oxytocin receptor genetic variation relates to empathy and stress reactivity in humans. *Proceeding of the National Academy of Science of USA*, 106, 21437-21441.
[57] Plomin, R., DeFries, J., McClearn, G., & McGuffin, P. (2008). *Behavioral Genetics*. Worth.

第3章

[1] Lordkipanidze, D., Vekua, A., Ferring, R., Rightmire, G. P., Agusti, J., Kiladze, G., Mouskhelishvili, A., Nioradze, M., Ponce de León, M. S., Tappen, M., & Zollikofer, C. P. E. (2005). Anthropology: The earliest toothless hominin skull. *Nature*, 434, 717-718.
歯のないホモ・エレクトゥスの報告.
[2] Cameron, D. W., & Groves, C. P. (2004). *Bones, Stones and Molecules*. Elsevier.

［3］ Shang, H., & Trinkaus, E. (2008). An ectocranial lesion on the Middle Pleistocene human cranium from Hulu Cave, Nanjing, China. *American Journal of Physical Anthropology*, 135, 431-437.

［4］ Solecki, R. S. (1972). *Shanidar: The Humanity of Neanderthal Man*. Allen Lane, the Penguin Press.
シャニダール遺跡のネアンデルタール人についての総論.

［5］ Nielsen, C. (2001). *Animal Evolution: Interrelationships of the Living Phyla*, Second Edition. Oxford University Press.

［6］ Church, R. M. (1959). Emotional reactions of rats to the pain of others. *Journal of Comparative and Physiological Psychology*, 52, 132-134.

［7］ Wechkin, S., Masserman, J. H., & Terris, W. (1964). Shock to a conspecific as an aversive stimulus. *Psychonomic Science*, 1, 47-48.

［8］ Langford, D. J., Crager, S. E., Shehzad, Z., Smith, S. B., Sotocinal, S. G., Levenstadt, J. S., Chanda, M. L., Levitin, D. J., & Mogil, J. S. (2006). Social modulation of pain as evidence for empathy in mice. *Science*, 312, 1967-1970.
ヒト以外の動物に共感(empathy)という語を明示的に用いた研究論文.

［9］ Anderson, J. R., Myowa-Yamakoshi, M., & Matsuzawa, T. (2004). Contagious yawning in chimpanzees. *Proceedings of the Royal Society of London B, Biological Sciences*, 271(Suppl. 6), S468-S470.
ヒト以外の動物にあくびの伝染があることを最初に報告した論文.

［10］ Yoon, J., & Tennie, C. (2010). Contagious yawning: A reflection of empathy, mimicry, or contagion? *Animal Behaviour*, 79, e1-e3.

［11］ Norscia, I., & Palagi, E. (2011). Yawn contagion and empathy in *Homo sapiens*. *PLoS ONE*, 6, e28472.

［12］ Davila-Ross, M., Menzler, S., & Zimmermann, E. (2008). Rapid facial mimicry in orangutan play. *Biology Letters*, 4, 27-30.

［13］ de Waal, F. B. M. (1989). *Peacemaking among Primates*. Harvard University Press.(西田利貞, 榎本知郎訳)仲直り戦術――霊長類は平和な暮らしをどのように実現しているか. どうぶつ社. 1993.

［14］ de Waal, F. B. M., & van Roosmalen, A. (1979). Reconciliation and consolation among chimpanzees. *Behavioural Ecology and Sociobiology*, 5, 55-66.
チンパンジーの慰め行動についての最初の報告.

［15］ de Waal, F. B. M., & Aureli, F. (1996). Consolation, reconciliation, and a possible cognitive difference between macaques and chimpanzees. In Russon, A. E., Bard, K. A., & Parker, S. T. (eds.), *Reaching into Thought: The Minds of the Great Apes*. Cambridge University Press, pp. 80-110.

［16］ Yamamoto, S., Humle, T., & Tanaka, M. (2009). Chimpanzees help each other upon request. *PLoS ONE*, 4, e7416.

［17］　Hirata, S. (2009). Chimpanzee social intelligence: Selfishness, altruism, and the mother-infant bond. *Primates*, 50, 3-11.
［18］　de Waal, F. B. M. (2009). *The Age of Empathy: Nature's Lessons for a Kinder Society*. Harmony Books.（柴田裕之訳）共感の時代へ――動物行動学が教えてくれること，紀伊國屋書店，2010．
［19］　Zahn-Waxler, C., Radke-Yarrow, M., Wagner, E., & Chapman, M. (1992). Development of concern for others. *Developmental Psychology*, 28, 126-136.
ヒト幼児における鏡映像自己認識と向社会的行動との関係についての研究．
［20］　Anderson, J. R., & Gallup, G. G., Jr. (2011). Which primates recognize themselves in mirrors? *PLoS Biology*, 9, e1001024.
ヒト以外の霊長類の鏡映像自己認識の総論．
［21］　Kano, F., Tanaka, M., & Tomonaga, M. (2008). Enhanced recognition of emotional stimuli in the chimpanzee (*Pan troglodytes*). *Animal Cognition*, 11, 517-524.
［22］　Hirata, S., Matsuda, G., Ueno, A., Fukushima, H., Fuwa, K., Sugama, K., Kusunoki, K., Tomonaga, M., Hiraki, K., & Hasegawa, T. (2013). Brain response to affective pictures in the chimpanzee. *Scientific Reports*, 3, 1342.

ヒト以外の動物に見られる共感の萌芽について，一番よくまとまっている書物は，引用文献にも掲げたフランス・ドゥ・ヴァール著『共感の時代へ――動物行動学が教えてくれること』（紀伊國屋書店）である．このほか，ヒト以外の動物について貴重で数少ない研究例が，以下の文献に紹介されている．
［23］　松沢哲郎(2011)．想像するちから――チンパンジーが教えてくれた人間の心，岩波書店．
［24］　藤田和生(2007)．動物たちのゆたかな心，京都大学学術出版会．
［25］　明和政子(2012)．まねが育むヒトの心，岩波書店．
［26］　平田聡(2013)．仲間とかかわる心の進化――チンパンジーの社会的知性，岩波書店．

第4章
［1］　池田喬，八重樫徹(2013)．「共感の現象学」序説．『行為論研究』第3号，行為論研究会，2013年3月，pp. 11-35.
［2］　Engelen, E. M., & Röttger-Rössler, B. (2012). Current disciplinary and interdisciplinary debates on empathy. *Emotion Review*, 4, 3-8.
［3］　Batson, C. D. (2009). These things called empathy: Eight related but distinct phenomena. In J. Decety, & W. Ickes (eds.), *The Social Neuroscience of Empathy*, pp. 3-15. MIT Press.
［4］　上地安昭(1990)．学校教師のカウンセリング基礎訓練――先生と生徒のコミ

ユニケーション入門，北大路書房．
［5］ Batson, C. D., Batson, J. G., Slingsby, J. K., Harrell, K. L., Peekna, H. M., & Todd, R. M. (1991). Empathic joy and the empathy-altruism hypothesis. *Journal of Personality and Social Psychology*, 61, 413-426.
［6］ Eisenberg, N., & Miller, P. A. (1987). The relation of empathy to prosocial and related behaviors. *Psychological Bulletin*, 101, 91-119.
［7］ Hoffman, M. L. (2000). *Empathy and Moral Development*: *Implications for Caring and Justice*. Cambridge University Press.(菊池章夫，二宮克美訳)共感と道徳性の発達心理学――思いやりと正義とのかかわりで，川島書店，2001．
［8］ Rizzolatti, G., Fadiga, L., Gallese, V., & Fogassi, L. (1996). Premotor cortex and the recognition of motor actions. *Cognitive Brain Research*, 3, 131-141.
［9］ Iacoboni, M. (2008). *Mirroring People*: *The New Science of How We Connect to Others*. Farrar, Straus & Giroux.(塩原通緒訳)ミラー・ニューロンの発見――「物まね細胞」が明かす驚きの脳科学，早川書房，2011．
［10］ Jackson, P. L., Meltzoff, A. N., & Decety, J. (2005). How do we perceive the pain of others? A window into the neural processes involved in empathy. *NeuroImage*, 24, 771-779.
［11］ Keltner, D. (2009). *Born to Be Good*: *The Science of a Meaningful Life*. W. W. Norton & Co. Inc.
［12］ Ross, L. (1977). The intuitive psychologist and his shortcomings: Distortions in the attribution process. In R. Berkowitz (ed.), *Advances in Experimental Social Psychology*, 10, 173-220.
［13］ Gilbert, D. T. (1998). Speeding with Ned: A personal view of the correspondence bias. In J. M. Darley, & J. Cooper (eds.), *Attribution and Social Interaction*: *The Legacy of Edward E. Jones*, pp. 5-66. American Psychological Association.
［14］ Beckes, L., Coan, J. A., & Hasselmo, K. (2012). Familiarity promotes the blurring of self and other in the neural representation of threat. *Social Cognitive and Affective Neuroscience Advance*. Access published June 13, 2012.
［15］ Turner, J. C. (1987). *Rediscovering the Social Group*: *A Self-categorization Theory*. Blackwell.(蘭千壽，内藤哲雄，磯崎三喜年，遠藤由美訳)社会集団の再発見――自己カテゴリー化理論，誠信書房，1995．
［16］ Avenanti, A., Sirigu, A., & Aglioti, S. M. (2010). Racial bias reduces empathic sensorimotor resonance with other-race pain. *Current Biology*, 20, 1018-1022.
［17］ Batson, C. D., Duncan, B. D., Ackerman, P., Buckley, T., & Birch, K. (1981). Is empathic emotion a source of altruistic motivation? *Journal of Personality and Social Psychology*, 40, 290-302.
［18］ Tajfel, H., & Turner, J. C. (1979). An integrative theory of intergroup conflict. In S. Worchel, & W. G. Austin (eds.), *The Social Psychology of Intergroup*

Relations. Brooks-Cole.
［19］　Stürmer, S., Snyder, M., Kropp, A., & Siem, B.（2006）. Empathy-motivated helping: The moderating role of group membership. *Personality and Social Psychology Bulletin*, 32, 943-956.
［20］　湯沢雍彦（1993）．散・策・思・索「アリとキリギリス」の四百年．朝日新聞朝刊，1993年6月18日．
［21］　Fiske, S. T., Cuddy, A. J. C., Glick, P., & Xu, J.（2002）. A model of（often mixed）stereotype content: Competence and warmth respectively follow from perceived status and competition. *Journal of Personality and Social Psychology*, 82, 878-902.
［22］　Cikara, M., Farnsworth, R. A., Harris, L. T., & Fiske, S. T.（2010）. On the wrong side of the trolley track: Neural correlates of relative social valuation. *Social Cognitive and Affective Neuroscience*, 5, 404-413.
［23］　Cikara, M., Bruneau, E. G., & Saxe, R. R.（2011）. Us and them: Intergroup failures of empathy. *Current Directions in Psychological Science*, 20, 149-153.
［24］　Cikara, M., & Fiske, S. T.（2012）. Stereotypes and Schadenfreude: Affective and physiological markers of pleasure at outgroup misfortunes. *Social Psychological and Personality Science*, 3, 63-71.
［25］　Smith, R. H., Powell, C. A. J., Combs, D. J. Y., & Schurtz, D. R.（2009）. Exploring the when and why of Schadenfreude. *Social and Personality Psychology Compass*, 3, 530-546.
［26］　Van Boven, L., & Loewenstein, G.（2005）. Cross-situational projection. In M. D. Alicke, D. Dunning, & J. Krueger（eds.）, *Self and Social Judgment*, pp. 43-64. Psychology Press.
［27］　Wilson, T. D., & Gilbert, D. T.（2003）. Affective forecasting. In M. P. Zanna（ed.）, *Advances in Experimental Social Psychology*, vol. 35, pp. 345-411. Academic Press.
［28］　Nordgren, L. F., McDonnell, M.-H., & Loewenstein, G.（2011）. What constitutes torture? Psychological impediments to an objective evaluation of enhanced interrogation tactics. *Psychological Science*, 22, 689-694.
［29］　Giddens, A.（1999）. *Runaway World: How Globalization Is Reshaping Our Lives*. Routledge.（佐和隆光訳）暴走する世界――グロバーリゼーションは何をどう変えるのか．ダイヤモンド社，2001．
［30］　Isaacson, W.（1992, December 21）. Sometimes, right makes might. *Time*, 82. Cited by Batson, C. D. et al.（1995）. Immorality from empathy-induced altruism: When compassion and justice conflict. *Journal of Personality and Social Psychology*, 68, 1042-1054.
［31］　Slovic, P.（2007）. 'If I look at the mess I will never act': Psychic numbing and

genocide. *Judgment and Decision Making*, 2, 79-95.
[32] Small, D. A., Loewenstein, G., & Slovic, P. (2007). Sympathy and callousness: The impact of deliberative thought on donations to identifiable and statistical victims. *Organizational Behavior and Human Decision Processes*, 102, 143-153.
[33] Bloom, P. (2013). The baby in the well: The case against empathy. http://www.newyorker.com/arts/critics/atlarge/2013/05/20/130520crat_atlarge_bloom?currentPage=all, 2013 年 12 月 28 日検索.
[34] Bloom, P. (2013). *Just Babies: The Origins of Good and Evil*. Crown.
[35] Batson, C., Klein, T., Highberger, L., & Shaw, L. (1995). Immorality from empathy-induced altruism: When compassion and justice conflict. *Journal of Personality and Social Psychology*, 68, 1042-1054.
[36] Park, J. H., & Schaller, M. (2005). Does attitude similarity serve as a heuristic cue for kinship? Evidence of an implicit cognitive association. *Evolution and Human Behavior*, 26, 158-170.
[37] Printz, J. (2011). Against empathy. *The Southern Journal of Philosophy*, 49, 214-233.

第 5 章

[1] American Psychiatric Association (2013). *Diagnostic and Statistical Manual of Mental Disorders*, 5th ed. American Psychiatric Publishing.
[2] Baron-Cohen, S. (1995). *Mindblindness: An Essay on Autism and Theory of Mind*. MIT Press.
[3] Oberman, L. M., & Ramachandran, V. S. (2007). The simulating social mind: The role of the mirror neuron system and simulation in the social and communicative deficits of autism spectrum disorders. *Psychol. Bull.*, 133, 310-327.
[4] Chakrabarti, B., & Baron-Cohen, S. (2006). Empathizing: Neurocognitive developmental mechanisms and individual differences. *Prog. Brain Res.*, 156, 403.
[5] Blair, R. J. R. (2005). Responding to the emotions of others: Dissociating forms of empathy through the study of typical and psychiatric populations. *Consciousness and Cognition*, 14, 698-718.
[6] Kikuchi, Y., Senju, A., Tojo, Y., Osanai, H., & Hasegawa, T. (2009). Faces do not capture special attention in children with autism spectrum disorder: A change blindness study. *Child Development*, 80, 1421-1433.
[7] Kikuchi, Y. et al. (2011). Atypical disengagement from faces and its modulation by the control of eye fixation in children with autism spectrum disorder. *J.*

Autism Dev. Disord., 41, 629-645.
[8]　Pelphrey, K. A. et al. (2002). Visual scanning of faces in autism. *J. Autism Dev. Disord.*, 32, 249-261.
[9]　Guillon, Q., Hadjikhani, N., Baduel, S., & Rogé, B. (2014). Visual social attention in autism spectrum disorder: Insights from eye tracking studies. *Neuroscience and Biobehavioral Reviews*, 42, 279-297.
[10]　Akechi, H. et al. (2009). Does gaze direction modulate facial expression processing in children with autism spectrum disorder? *Child Development*, 80, 1134-1146.
[11]　Akechi, H. et al. (2010). The effect of gaze direction on the processing of facial expressions in children with autism spectrum disorder: An ERP study. *Neuropsychologia*, 48, 2841-2851.
[12]　Adams, R. B., Jr., & Kleck, R. E. (2003). Perceived gaze direction and the processing of facial displays of emotion. *Psychol. Sci.*, 14, 644-647.
[13]　Bindemann, M., Burton, A. M., & Langton, S. R. H. (2008). How do eye gaze and facial expression interact? *Visual Cognition*, 16, 708-733.
[14]　Senju, A., Tojo, Y., Dairoku, H., & Hasegawa, T. (2004). Reflexive orienting in response to eye gaze and an arrow in children with and without autism. *J. Child Psychol. Psychiatry*, 45, 445-458.
[15]　Baron-Cohen, S., Wheelwright, S., & Jolliffe, T. (1997). Is there a "language of the eyes"? Evidence from normal adults, and adults with autism or Asperger syndrome. *Visual Cognition*, 4, 311-331.
[16]　Happé, F. G. (1995). The role of age and verbal ability in the theory of mind task performance of subjects with autism. *Child Development*, 66, 843-855.
[17]　Carpenter, M., Pennington, B. F., & Rogers, S. J. (2001). Understanding of others' intentions in children with autism. *J. Autism Dev. Disord*, 31, 589-599.
[18]　Falck-Ytter, T. (2010). Young children with autism spectrum disorder use predictive eye movements in action observation. *Biology Letters*, 6, 375-378.
[19]　Senju, A., Southgate, V., White, S., & Frith, U. (2009). Mindblind eyes: An absence of spontaneous theory of mind in Asperger syndrome. *Science*, 325, 883-885.
[20]　Abell, F., Happé, F., & Frith, U. (2000). Do triangles play tricks? Attribution of mental states to animated shapes in normal and abnormal development. *Journal of Cognitive Development*, 15, 1-16.
[21]　Smith, I. M., & Bryson, S. E. (1994). Imitation and action in autism: A critical review. *Psychol. Bull.*, 116, 259-273.
[22]　Rogers, S. J., Hepburn, S. L., Stackhouse, T., & Wehner, E. (2003). Imitation performance in toddlers with autism and those with other developmental disor-

ders. *J. Child Psychol. Psychiatry*, 44, 763-781.
[23] Oberman, L. M. et al. (2005). EEG evidence for mirror neuron dysfunction in autism spectrum disorders. *Cogn. Brain Res.*, 24, 190-198.
[24] Hamilton, A. F., Brindley, R. M., & Frith, U. (2007). Imitation and action understanding in autistic spectrum disorders: How valid is the hypothesis of a deficit in the mirror neuron system? *Neuropsychologia*, 45, 1859-1868.
[25] Southgate, V., & Hamilton, A. F. (2008). Unbroken mirrors: Challenging a theory of Autism. *Trends in Cognitive Sciences*, 12, 225-229.
[26] Kana, R. K., Wadsworth, H. M., & Travers, B. G. (2011). A systems level analysis of the mirror neuron hypothesis and imitation impairments in autism spectrum disorders. *Neuroscience and Biobehavioral Reviews*, 35, 894-902.
[27] Cattaneo, L., & Rizzolatti, G. (2009). The mirror neuron system. *Arch. Neurol.*, 66, 557-560.
[28] McIntosh, D. N., Reichmann-Decker, A., Winkielman, P., & Wilbarger, J. L. (2006). When the social mirror breaks: Deficits in automatic, but not voluntary, mimicry of emotional facial expressions in autism. *Dev. Sci.*, 9, 295.
[29] Senju, A. et al. (2007). Absence of contagious yawning in children with autism spectrum disorder. *Biology Letters*, 3, 706-708.
[30] Magnée, M. J., de Gelder, B., van Engeland, H., & Kemner, C. (2007). Facial electromyographic responses to emotional information from faces and voices in individuals with pervasive developmental disorder. *J. Child Psychol. Psychiatry*, 48, 1122-1130.
[31] Usui, S. et al. (2013). Presence of contagious yawning in children with autism spectrum disorder. *Autism Research and Treatment*, 2013, Article ID 971686, 1-8.

第6章

[1] Gonzalez-Liencres, C., Shamay-Tsoory, S. G., & Brüne, M. (2013). Towards a neuroscience of empathy: Ontogeny, phylogeny, brain mechanisms, context and psychopathology. *Neurosci. Biobehav. Rev.*, 37(8), 1537-1548.
[2] Singer, T., & Lamm, C. (2009). The social neuroscience of empathy. *Ann. N. Y. Acad. Sci.*, 1156, 81-96.
[3] Gallese, V., & Sinigaglia, C. (2011). What is so special about embodied simulation? *Trends Cogn. Sci.*, 15(11), 512-519.
[4] Blair, R. J. R. (2013). The neurobiology of psychopathic traits in youths. *Nat. Rev. Neurosci.*, 14(11), 786-799.
[5] 加藤元一郎,梅田聡(2009).ソーシャルブレインのありか.開一夫,長谷川寿一(編),ソーシャルブレインズ——自己と他者を認知する脳,pp. 161-186,

東京大学出版会.
[6] Akiyama, T., Kato, M., Muramatsu, T., Umeda, S., Saito, F., & Kashima, H. (2007). Unilateral amygdala lesions hamper attentional orienting triggered by gaze direction. *Cerebral Cortex*, 17, 2593-2600.
[7] Akitsuki, Y., & Decety, J. (2009). Social context and perceived agency affects empathy for pain: An event-related fMRI investigation. *NeuroImage*, 47(2), 722-734.
[8] Takahashi, H., Kato, M., Matsuura, M., Mobbs, D., Suhara, T., & Okubo, Y. (2009). When your gain is my pain and your pain is my gain: Neural correlates of envy and schadenfreude. *Science*, 323, 937-939.
[9] 高橋英彦(2013). 社会神経科学と精神医学. 精神神経学雑誌, 115(10), 1027-1041.
[10] Iacoboni, M., & Dapretto, M. (2006). The mirror neuron system and the consequences of its dysfunction. *Nat. Rev. Neurosci.*, 7, 942-951.
[11] de Vignemont, F., & Singer, T. (2006). The empathic brain: How, when and why? *Trends Cogn. Sci.*, 10, 435-441.
[12] Keysers, C., & Gazzola, V. (2006). Towards a unifying neural theory of social cognition. *Prog. Brain Res.*, 156, 379-401.
[13] Fan, Y., Duncan, N. W., de Greck, M., & Northoff, G. (2011). Is there a core neural network in empathy? An fMRI based quantitative meta-analysis. *Neurosci. Biobehav. Rev.*, 35(3), 903-911.
[14] Oberman, L. M., Hubbard, E. M., McCleery, J. P., Altschuler, E. L., Ramachandran, V. S., & Pineda, J. A. (2005). EEG evidence for mirror neuron dysfunction in autism spectrum disorders. *Cogn. Brain Res.*, 24(2), 190-198.
[15] Kato, Y., Muramatsu, T., Kato, M., Shibukawa, Y., Shintani, M., & Mimura, M. (2011). Magnetoencephalography study of right parietal lobe dysfunction of the evoked mirror neuron system in antipsychotic-free schizophrenia. *PLoS ONE*, 6(11), e28087.
[16] 加藤元一郎, 加藤隆(2014). 臨床におけるミラーニューロン――特に心的側面について. BRAIN and NERVE, 66(6), 665-672.
[17] Farrer, C., & Frith, C. D. (2002). Experiencing oneself vs another person as being the cause of an action: The neural correlates of the experience of agency. *NeuroImage*, 15(3), 596-603.
[18] Bellugi, U., Lichtenberger, L., Mills, D., Galaburda, A., & Korenberg, J. R. (1999). Bridging cognition, the brain and molecular genetics: Evidence from Williams syndrome. *Trends Neurosci.*, 22, 197-207.
[19] Roepke, S., Vater, A., Preißler, S., Heekeren, H. R., & Dziobek, I. (2013). Social cognition in borderline personality disorder. *Front Neurosci.*, 14(6), 195.

doi:10.3389/fnins.2012.00195.
[20] Shamay-Tsoory, S. G., Aharon-Peretz, J., & Perry, D. (2009). Two systems for empathy: A double dissociation between emotional and cognitive empathy in inferior frontal gyrus versus ventromedial prefrontal lesions. *Brain*, 132(3), 617-627.

第7章

[1] Eisenberg, N. (2000). Empathy and sympathy. In M. Lewis, & J. M. Haviland-Jones (eds.), *Handbook of Emotions*, 2nd ed. Guilford Press. 677-691.
[2] Engelen, E.-M., & Röttger-Rössler, B. (2012). Current disciplinary and interdisciplinary debates on empathy. *Emotion Review*, 4(1), 3-8.
　　共感について，心理学，神経科学，哲学，文化人類学などさまざまな分野の最新の研究成果を踏まえつつ学際的な議論を展開している．
[3] 福田正治(2010). 共感——心と心をつなぐ感情コミュニケーション, へるす出版.
　　共感について，1人の研究者が，哲学から神経科学に至る広範な知見を踏まえて包括的に論じている．
[4] Iacoboni, M. (2008). *Mirroring People: The New Science of How We Connect with Others*. Farrar, Straus & Giroux.(塩原通緒訳)ミラー・ニューロンの発見——「物まね細胞」が解き明かす驚きの脳科学, 早川書房, 2011.
[5] 須田治, 別府哲(編著)(2002). 社会・情動発達とその支援, ミネルヴァ書房.
[6] 菊池章夫(1998). また／思いやりを科学する——向社会的行動の心理とスキル, 川島書店.
[7] Latané, B., & Darley, J. M. (1970). *The Unresponsive Bystander: Why Doesn't He Help?* Appleton-Crofts.(竹村研一, 杉崎和子訳)冷淡な傍観者——思いやりの社会心理学, ブレーン出版, 1997.
[8] 松井豊(2002). 援助行動と感情. 高橋雅延, 谷口高士(編著), 感情と心理学——発達・生理・認知・社会・臨床の接点と新展開, 北大路書房. 第8章, 168-191.
[9] Tajfel, H., Billing, M., Bundy, R. P., & Flament, C. (1971). Social categorization and intergroup behaviour. *European Journal of Social Psychology*, 1, 149-177.
[10] Brown, R. (1995). *Prejudice: Its Social Psychology*. Blackwell.(橋口捷久, 黒川正流訳)偏見の社会心理学, 北大路書房, 1999.
[11] 広瀬幸雄(編著)(1997). シミュレーション世界の社会心理学——ゲームで解く葛藤と共存, ナカニシヤ出版.
[12] 土井敏邦(2008). 沈黙を破る——元イスラエル軍将兵が語る"占領", 岩波書店.
[13] 長有紀枝(2009). スレブレニツァ——あるジェノサイドをめぐる考察, 東信

堂.

人間の安全保障の視点から，ボスニア紛争におけるジェノサイドをテーマに，非常に詳細な調査に基づく検討を行っている．

［14］　佐原徹哉（2008）．ボスニア内戦──グローバリゼーションとカオスの民族化，有志堂．
［15］　高木徹（2002）．ドキュメント　戦争広告代理店──情報操作とボスニア紛争，講談社．
［16］　縄田健悟（2013）．集団間紛争の発生と激化に関する社会心理学的研究の概観と展望．実験社会心理学研究，53(1), 52-74.
［17］　石田勇治，武内進一（編）（2011）．ジェノサイドと現代世界，勉誠出版．
［18］　Parkinson, B., Fischer, A. H., & Manstead, A. S. R. (2005). *Emotion in Social Relations: Cultural, Group, and Interpersonal Processes*. Psychology Press.
［19］　Moisi, D. (2009). *The Geopolitics of Emotion: How Cultures of Fear, Humiliation, and Hope Are Reshaping the World*. Doubleday.（櫻井祐子訳）「感情」の地政学──恐怖・屈辱・希望はいかにして世界を創り変えるか，早川書房，2010．
［20］　Kaldor, M. (2001). *New and Old Wars: Organized Violence in Global Era*. Polity Press.（山本武彦，渡部正樹訳）新戦争論，岩波書店，2003．
　　　　グローバル化によって戦争形態が変容していることについて多面的に論じるとともに，戦争を阻止するための方策についてさまざまな可能性を提案している．

［謝辞］　本稿の執筆に当たり，清水奈名子氏に貴重な情報提供と丁寧なご助言をいただいた．記して感謝の意を表します．

索　引

英数字
Do as I do 課題　113
empathy　6
sympathy　6

ア　行
愛他的行動　145
アイトラッキング　110
アカゲザル　60
あくびの伝染（伝播）　61, 116
アスペルガー障害　135
アレキシサイミア　25
生き延び　19
異質な他者　91
イスラエル　150
痛みの共感　9, 23
一次共感　143, 149
一卵性双生児　50
遺伝的情報統制研究法　50
イヌ　61
イルカ　70
入れ子構造　14
ウィリアムズ症候群　136
運動前野　12, 19
運動前野腹側部　20
エモーショナルネットワーク　6
援助　54
援助行動　32, 145
大型類人猿　53
オキシトシン　21
思いやり　125
オランウータン　56

カ　行
外集団　85, 147, 156
外集団拒否　156
海馬　71
学際的　165
拡大した社会　97
下頭頂小葉　12, 14, 19, 20
感情　56, 142, 158
感情イメージ　160
感情規則　144
感情調整能力　140
感情的共感　140, 143
感情認知能力　140
感情の伝染（伝搬）　22, 124
記憶　71
気質　144
機能的 MRI　12
規範　144
ギャップ課題　104
ギャンブリング課題　26
境界型人格障害例　137
共感
　――の共有　21
　――の欠如　21
　――の減弱　126
　――の自発性　120
共感-愛他性説　81
共感ギャップ　89
共感的関心　34
共感的行動の萌芽　41
共感の運動理論　132
共通上位集団　161, 162

恐怖回路　126
共鳴反応　142
近赤外線分光法　12
経頭蓋磁気刺激　12
ゲラダヒヒ　61
言語的コミュニケーション　22
向社会的行動　31, 64
公的教育　162
行動的共感　5
行動の伝播　115
向内集団的　150, 152, 153
国際関係　160
国際的規範　162, 163
国民感情　160
心の理論　10, 124, 143
心の理論障害説　102
個人化　92
誤信念課題　15, 109
コミュニケーション感　22
コミュニケーションの科学　164
ゴリラ　56
壊れた鏡　102

サ 行

サイコパス　26, 126
最小条件集団　148
ジェノサイド　154
自我障害　133
自己　144
自己意識的感情　45
自己カテゴリー化　147
自己カテゴリー化理論　84
自己指向的共感行動　38
自己と他者の類似性　97
自己認識　68
事象関連電位　11
視線　107
視点取得　68

自動的な模倣　132
自発的な誤信念課題　110
自発的な模倣　115
自閉症　17, 62, 101
自閉症スペクトラム障害　135
自閉症スペクトラム症候群　34, 101
シミュレーション　124
シミュレーション説　33, 132
シャーデンフロイデ　87, 129
社会的アイデンティティ　144
社会的カテゴリー化　148
社会的交流　136
社会的コミュニケーション　136
社会の評価行動　40
社会脳ネットワーク　127
集団間接触　160
集団の感情　158
主観的共感　5
上側頭回後部　134
上側頭溝後部　16, 20
情動　59
情動過多　136
上頭頂小葉　19, 20
情動的共感　4, 103, 112, 124
情動伝染　62
初期人類　53
食物分配　67
女性脳　20
自律神経活動　11
自律神経機能　19
自律神経反応　6
人格　144
人格障害　126
神経心理学　11
心身症　25
身体的共感　5
身体の同期　22
人類（の福祉）　147

索　引　189

ステレオタイプ　144, 155, 157
正義　95
制御可能性　6
精神障害　126
制度　162, 163
生物学的な動き　16
性ホルモン　20
セイリエンスネットワーク　6, 24
楔前部　12, 13
前関心　70
前頭前野内側部　12, 18, 22, 25
前頭葉下部　19, 20
前頭葉眼窩部　26, 27
前頭葉腹内側部　127
ゾウ　70
側頭極　12
側頭頭頂接合部　12, 14
素行障害　126
ソマティックマーカー仮説　27

　　タ　行
帯状回後部　12, 13
帯状回前部　23, 24
帯状回前部近傍　12, 22, 25
大脳皮質正中線構造　13
代理報復　159
他者指向的共感行動　38
他者への定位反応　103
男性脳　20
注意　94
直接の接触　162
チンパンジー　53
定型発達　104
ディストレス　35
手がかり刺激法　108
テナガザル　56
デフォルトモード　14
デフォルトモードネットワーク　13

伝染・共鳴　142
統合失調症　133
同時創発仮説　68
同情　32, 64, 125
同情的行動の萌芽　41
同調　61
頭頂葉下部　134
道徳　141
道徳的　141
島皮質前部　12, 23, 24, 25
トップダウン　5

　　ナ　行
内集団　85, 148, 156
内集団同一視　156
内集団の芽　149, 153
内受容感覚　24
仲直り　65
慰め　64
二次共感　143, 149
ニホンザル　56
二卵性双生児　50
認知　142
認知神経科学　2
認知的共感　4, 103, 124, 140, 143
ネアンデルタール人　54
脳磁図　12
脳波　73
脳波計　11
脳梁膨大後部　13

　　ハ　行
背側前部帯状回　130
パレスチナ　150
反応的攻撃性　126
ひいき　148
非言語的コミュニケーション　22
非自己意識的感情　46

被操作脆弱性　91
非人間化　157, 158
表示規則　144
表出行動　142
表象　124
表情　143
表情と視線の相互作用　106
不安　22
文化　160
文脈　142
ペインマトリックス　23
ベニガオザル　61
偏見　155
扁桃体　71, 127
ポジトロンCT　12
ボスニア紛争　152, 154
ボトムアップ　5
ボノボ　56
ホモ・エルガスター　54
ホモ・エレクトゥス　53

マ 行

ミラーニューロン　5, 18, 81
ミラーニューロンシステム　102, 113, 131, 143
民族主義　154
無感情性　126
メンタライジング　135
メンタライジングネットワーク　6, 16
モニタリング　23
模倣　124

ヤ 行

役割取得能力　140

ラ 行

ラット　59
利他的行動　44, 66, 145
理論説　32
歴史　160
論理性　20

編集＝梅田　聡

梅田　聡(うめだ・さとし)　　1章
　　慶應義塾大学文学部

板倉昭二(いたくら・しょうじ)　　2章
　　同志社大学赤ちゃん学研究センター

平田　聡(ひらた・さとし)　　3章
　　京都大学野生動物研究センター

遠藤由美(えんどう・ゆみ)　　4章
　　関西大学社会学部

千住　淳(せんじゅう・あつし)　　5章
　　Birkbeck, University of London,
　　Centre for Brain and Cognitive Development

加藤元一郎(かとう・もといちろう)　　6章
　　慶應義塾大学医学部(2015年3月逝去)

中村　真(なかむら・まこと)　　7章
　　宇都宮大学国際学部

岩波講座　コミュニケーションの認知科学 2
共　　感　　　　　　　　　　　　　第 4 回配本(全 5 巻)

2014 年 9 月 26 日　第 1 刷発行
2022 年 9 月 26 日　第 5 刷発行

編　者　梅田　聡

発行者　坂本政謙

発行所　株式会社　岩波書店
　　　　〒 101-8002 東京都千代田区一ツ橋 2-5-5
　　　　電話案内 03-5210-4000
　　　　https://www.iwanami.co.jp/

印刷・三秀舎　製本・牧製本

Ⓒ Satoshi Umeda 2014
ISBN 978-4-00-011372-4　　Printed in Japan

岩波講座 コミュニケーションの認知科学（全5巻）

［編集委員］安西祐一郎, 今井むつみ, 入來篤史, 梅田 聡, 片山容一, 亀田達也, 開 一夫, 山岸俊男

A5判, 上製カバー

コミュニケーションを「人間の共存と情報共有のための根本的なはたらき」であると定義し, 言語, 共感や互恵, 安心や信頼, さらには母性や社会性がどのように生まれ育まれてきたのかを科学的に明らかにする.「人間とは何か」「社会とは何か」という究極の問いを真正面から考える.

1 言語と身体性
342頁, オンデマンド版として近日復刊予定

人間にとって言語とは何か. 言語以前の身体の感覚, 知覚や感情をいかに言語という記号に結びつけるようになったのか.

［執筆］今井むつみ, 佐治伸郎, 山﨑由美子, 浅野倫子, 渡邊淳司, 大槻美佳, 松井智子, 喜多壮太郎, 安西祐一郎, 岡田浩之, 橋本 敬, 増田貴彦

2 共　感
204頁, 4180円

なぜ共感を問題にするのか. これまでの共感研究の歴史をたどりながら, その生起メカニズムについて考える.

［執筆］梅田 聡, 板倉昭二, 平田 聡, 遠藤由美, 千住 淳, 加藤元一郎, 中村 真

3 母性と社会性の起源
196頁, 3520円

母子間相互作用を社会的認知の基盤として捉え,「模倣」や「教授」など人間に固有なコミュニケーションの概念について議論する.

［執筆］開 一夫, 菊水健史, 明和政子, ガーガリ・チブラ, ジョージ・ガーガリ, 友永雅己, 石黒 浩

4 社会のなかの共存
242頁, 3740円

多数の人間が社会の中で共存するためのしくみが, 進化的な制約をもつヒトの心のしくみの上にどのように形づくられるのか.

［執筆］山岸俊男, 亀田達也, 巌佐 庸, 長谷川英祐, 瀧本彩加, 山本真也, 高橋伸幸, 竹澤正哲, 増田直紀

5 自立と支援
226頁, 3740円

病気や障害をもつ人びと, あるいは子どもや高齢者といかに寄り添って生きていくべきか. 現場で何が問われているかを明らかにする.

［執筆］片山容一, 池田 学, 立石雅子, 内山登紀夫, 川島理恵, 原田悦子, 仲 真紀子

― 岩波書店刊 ―

定価は消費税10%込です
2022年9月現在